踏み出す一歩

そして僕は夢を追いかけた

テキサス・レンジャーズ 投手育成コーチ
倉野信次
Shinji Kurano

ブックダム

まえがき

2022年2月。僕は現役からコーチまで、25年間お世話になった福岡ソフトバンクホークス[※1]（以下、ホークス）を辞めて、アメリカへ武者修行の旅に出ました。


「給料なし！」

「修行中に必要なお金は全部自腹！」

「日本に帰ってもチームに戻れる保証はなし！」

「そもそも、アメリカに受け入れてくれる球団があるのかもわからん！」

「英語はまったく喋れへん！」


こんな感じでスタートするわけですが、せっかくのチャレンジなのでブログに日記を書こうと決めました。本書はその日記が元になっています。

第1回目の日記を見ると、こんなことを書いています。

※1 福岡市を本拠地とする、プロ野球球団。パシフィック・リーグに所属

＊＊＊

日記始めました。僕は記憶力に自信がなく、せっかくアメリカに来たのだから、何か残しておきたいと思って。

10年程前に、ホークスからの派遣でプエルトリコのウインターリーグ[※2]に行かせてもらったときにも、海外日記を書いていました。これが球団公式ホームページで、いまで言う「バズり」になりまして（ちょっと盛りました）。

あの感動をもう一度！　みたいな。

ということで、こちらでの感想や出来事などを赤裸々（？）に書いていこうかなと。

もちろんチームの内部情報など書けるわけがありませんので、あくまでも僕自身のことが中心となりますが。

野球の話だけでなく、プライベートなことなども書いていきたいと思っています。いまのところ……。

※2 シーズンオフの冬季に行われる野球リーグ

野球に興味がなくても読んでいただけるような日記にもしたいなあと思っています。いまのところ……。

せっかくこの1年のほとんどをアメリカにいるのでコツコツと更新していきたいと思っています。いまのところ……。

気に入ってもらえたら、友人、知人にも紹介、口コミで広げてくださいね。

＊＊＊

読むだけで、旅に出る前のウキウキとした期待感と、ちょっとした不安をのぞかせているのを思い出しますね。

もちろん、楽しいこと、勉強になったこと、感激したこと、ときに涙を流すほどに嬉しかったこともたくさんありました。

一方で、怖かったこと、大変だったこと、辛かったこともあります……。

「もう練習に行きたくない」とさえ思ったことも。

本書のために日記を整理していると、本当にさまざまなことを経験したのだなあと実感します。

僕はホークスでは投手コーチの統括役でした。その立場を捨てて、全額自腹で、しかも受け入れてくれる球団も決まっていない状態で、なぜ挑戦を決めたのか。その先で、どんなことを学んだのか。

その答えは、本書の中に。

一生に一度できるかどうかの、貴重な経験。そんな内容を共有することで、少しでもみなさんの励みになれば幸いです。ぜひ、最後まで読んでみてください。

踏み出す一歩
そして僕は夢を追いかけた

目次

第2章

挫折と希望のスプリングキャンプ

第3章 日本のコーチング、アメリカのコーチング

第4章 コーチとは、こんなに楽しい仕事だった！

第5章 コーチが選手に与えるべきものは

本書は、倉野信次のブログ「夢のアメリカ武者修行編（2022年4月7日～10月21日）」を元に、書籍化に当たり、大幅に加筆、修正を行ったものです。

第1章

夢は「一番のピッチングコーチ」になること

キャッチャーから始まった野球人生

この本を読んでいる人の中には、僕のことを知らない人もいると思います。自己紹介を兼ねて、ざっくりと人生を振り返ってみますね。

僕の実家は三重県伊勢市で料理旅館をやっています。お店の駐車場が空いているときに、父と兄はキャッチボール。それを見て、「僕もやりたい！」と言い出したのが、野球を始めたきっかけです。

小学生の頃は、遊びといえば兄と弟と空き地で野球ごっこ。柔らかいゴムボールを使って遊んでいました。

「野球ってめっちゃ楽しい！」

「ボールを投げるのも打つのもすごく面白い！」

そうしてどんどんのめり込んでいきました。父は草野球をやっていて、その試合の応援に行くこともよくありました。

そんな風に野球に触れて育つ中で、気づいたらプロ野球選手を目指すことが当たり前になっていたのでした。「将来の夢！」というよりも、子どもの頃から将来プロになることが自分の中で決まっていたような感覚。どこかで「プロになるぞ！」と決心した記憶はありません。

初めて野球チームに入ったのが、小学校4年生のとき。ボーイズリーグ※3に所属する、隣町のチームでした。

当時テレビでやっていたのは読売ジャイアンツ※4の試合ばかり。選手はみんな格好良かったのですが、特に江川卓《えがわすぐる》投手※5と西本聖《にしもとたかし》投手※6に憧れていました。

「野球をやるなら、やっぱりピッチャーやな！」

※3 少年硬式野球の団体。正式名称は公益財団法人日本少年野球連盟
※4 東京都を本拠地とする、プロ野球球団。セントラル・リーグに所属
※5 読売ジャイアンツのエースとして活躍。当時のプロ野球を代表する投手として知られる
※6 江川卓と並ぶエースとして読売ジャイアンツの一時代を築く。中日、オリックスでも活躍

そう決めていたのですが、小学生のチームでは結局キャッチャーをやることになりました。いまはそんなことはないと思いますが、当時は小学校くらいだと監督やコーチがポジションを決めるのです。僕は体が大きかったこともあって、「お前はキャッチャーだ」と言われてしまいました。

「えー、ピッチャーじゃなくてキャッチャーかあー」

当時まだ小学生の僕は自己主張することもなく、言われるがままプレーしていたような気がします。ただ、野球そのものは本当に好きだったので、どのポジションでもすごく良い経験ができましたし、初めての本格的なチームでのプレーはすごく充実した日々になりました。

また、そのチームには当時小等部しかなかったので、中学校では学校の野球部に入りました。

ここでも本当はピッチャーをやりたかったけれど、結局またキャッチャー。「ピッチャーをやりたいです！」と先生に言えればよかったのですが、それまでキャッチャーをやってきた流れに身を任せてしまった部分もあり、本当の自分の意志を伝える、その勇気がなかったのです……。

2年生になって、夏の大会の後、自分たちが上級生としての新チームになります。このとき、キャッチャーではレギュラーになれませんでした。でもバッティングは評価されていたから別のポジションにコンバート[※7]ということで、セカンドのレギュラーとして試合に出ていました。

「中学校は仕方ないけど、高校に行ったら絶対にピッチャーをやる！」

セカンドでレギュラーになれた僕でしたが、そう思っていました。

しかし2年生の12月頃に突如チャンスが訪れました。それまでエースだったメンバーが転校したのです。

「もうチャンスはいましかない！」

※7 選手が守備位置を転向すること

昼休みに職員室に行き、先生に「ピッチャーをやりたいです！」と直訴しました。このとき人生で初めて勇気を振り絞って、自分の希望を伝えられたという記憶があります。

そして念願かなって、ポジション変更。

「やった！　ついにピッチャーや」
「マウンドから投げるのって最高やな」

ずっと夢見ていたポジションだから、練習もそれまで以上に楽しく感じました。自然と熱中するようになったから、上達も早かったのだと思います。すぐにエースになって、「俺って結構すごいのでは……？」と思っていたら年明けの地区大会では優勝。最後の夏の大会では、うちの中学校としては久しぶりの県大会出場で、3位。学校の中では結構大きな出来事になりました。

大会である程度良い成績を収めると、地元の高校から、「うちに来てくれないか」

と誘いが出てきます。僕のところにもいくつか話があったのですが、それらの高校は選びませんでした。

僕の目標は、プロ野球選手になることです。そこで、プロ野球選手になるためにはどうすればいいのか、逆算してみました。

いまでこそ三重県の高校からプロになる人は結構いますが、当時は数年に1人ぐらいの割合でした。誘われた高校に進んでも、そこからは多分プロには行けないだろうと。であれば、大学に進んで、そこからプロを目指すことになります。

それに、強豪校に行けば上手な選手と競争になります。

「競争に勝つ自信もないし、故障するかもしれへん。そうなると、野球推薦で大学に行くことも多分難しい。それやったら進学校に行って、勉強で大学に入ろう。それもプロのスカウトが最も注目するやろう東京の大学に進んで、神宮《じんぐう》球場※8のマウンドで投げるんや!」

中学生の僕はそう決心しました。このときが人生で初めての分岐点だったのだと思

※8 東京都にある野球場。正式名称は明治神宮野球場。プロ野球の東京ヤクルト・スワローズの本拠地であり、東京六大学野球リーグ戦も開かれる

います。そして悩みながらも自分で決断したことをいまでも鮮明に覚えています。

幸いなことに、学校の成績も悪くありませんでした。親は自営業で、子どもの面倒を見切れません。そのぶん、習字やそろばんなど、ありがたいことに自分のやりたいことを全部やらせてくれていました。進学塾にも通っていて、ある程度テストの点数も取れていました。両親には本当に感謝です。

そして無事に志望校に合格。

「よっしゃー。まずは第一関門突破」
「ここから勉強も野球も絶対に頑張る！」

選んだ時点でわかっていたのですが、高校の野球部は強いとは言えず、僕が入る前の年は地区予選1回戦負けでした。甲子園に出るなんてことはまずあり得ないような学校でしたが、偶然にも僕たちの学年では中学校で活躍していたメンバーが揃って、結構強いチームになっていました。

進学校なので時間も場所も制限がありながら、勉強も部活動も頑張ります。

そして最後の夏の地区予選大会ではみんなが調子良くて、なんと！ 決勝進出を果たします。僕は1回戦と準々決勝、準決勝の3試合を投げて、もう1人の同級生ピッチャーが2回戦と3回戦。この5試合、全部完封勝ち[※9]という、もう神懸かり的な快進撃で決勝に進みました。

これに勝てば甲子園出場という決勝戦、僕が先発して最後まで投げたのですが、2対1の延長10回サヨナラ負け。

しかし、勝利を逃した瞬間、僕は負けた悔しさよりも、満足感のほうが大きかったのでした。

「あー、負けてしまった。甲子園を逃してしまった……」
「でもここまで来られただけで満足やし、悔いないわ」

そのときの僕は、実は甲子園にほとんど興味がありませんでした。自分なんかが行けるわけがないと勝手に思い込んでいて、あと1勝で手の届くところにあったことを

※9 1人のピッチャーが1試合において試合終了まで投げきり、且つ無失点（1点も相手チームに得点されない）に抑えること

まったく実感していませんでした。ただ、チームメイトや応援してくださったみなさんのことを考えると、本当に申し訳ない気持ちでいっぱいでした。

決勝の相手は三重高校で、その年の選抜大会[※10]で全国ベスト8に入った超強豪校でした。実は、僕が高校進学するとき最も熱心に誘ってくれたのが、三重高校。なんとも言えない縁も感じたのでした。

夏の大会が終わり、野球部を引退。

「さあ、これからは受験勉強を頑張ろう!」

そう思っていた矢先、最後の大会の活躍を見ていただいたことで、大学からのお誘いがありました。

「大学には一般入試で進もうと思っとったのに、こんなことってあるんやなあ……」

「しかも第一希望の東京の大学から誘いがあるなんて……」

※10 選抜高等学校野球大会。「春の甲子園」として知られる。夏の大会は地方大会の優勝校が出場するが、選抜は地方大会の成績をふまえ、選考委員会によって出場校が決められる
※11 強打者として知られ、引退後は日本代表監督や福岡ソフトバンクのヘッドコーチなどを務める
※12 主にセカンドを守り、強打者として知られる。メジャーリーグでも活躍したプロ球界の名選手。引退後はロッテの監督などを務める

もともと一般入試で大学に進むために選んだ高校でしたが、結局スポーツ推薦で青山学院大学に進学できたのです。

「やっとプロ野球選手になるためのスタートラインに立てた。ここからや！」

青山学院大学は大学野球の名門で、プロ野球選手になった人もたくさんいます。僕の3学年上のキャプテンだったのは、小久保裕紀《こくぼひろき》さん。※11 同級生では、のちに僕を入れて4人がプロ野球選手になっています。一緒に福岡ダイエーホークス（現・福岡ソフトバンクホークス）に入った井口資仁《いぐちただひと》と、※12 広島東洋カープ※13に入った澤崎俊和《さわざきとしかず》。※14 千葉ロッテマリーンズ※15に入った清水将海《しみずまさうみ》。※16 僕以外の3人はドラフト※17 1位で、僕はドラフト4位でしたが……。

そんな名門に入部。ところが、大学に入って最初の1カ月くらいは、本当に、まったく練習についていけませんでした。高校は進学校で勉強もしないといけないので、

※13 広島市を本拠地とする、プロ野球球団。セントラル・リーグに所属
※14 コントロールの良さを武器に新人王を獲得するなど活躍。引退後はコーチや指導者を務める
※15 千葉県を本拠地とする、プロ野球球団。パシフィック・リーグに所属
※16 キャッチャーとしてロッテ、中日、福岡ソフトバンクで活躍。引退後はコーチを務める
※17 球団が新人選手を獲得するための交渉権を会議で決める制度

そんなに練習量は多くありませんでした。
それが大学に入った途端にめちゃくちゃハードに……。

「マジできつ過ぎる！　ある程度は覚悟しとったけど、こんなにきついと思わんかった……」

想像を遥かに超えるキツさで、入部早々にかなりの挫折感を味わっていました。

後で聞いた話ですが、監督とコーチも「倉野は2週間程で辞めるだろう」と話していたとか……。そのくらい練習についていくことができていなかったのです。

当時僕が同級生に「将来はプロになりた

学生時代

い」と言ったら、「おまえは大学4年間頑張っても、ベンチにも入れないよ」と笑われるほどの始末。

でも、僕は全然悔しくありませんでした。練習にさえついていけないのだから、笑われて当たり前です。

「いまは駄目でも、努力して絶対にプロ野球選手になるんや！」

そのためには、とにかく練習するしかありません。

練習が終わった後、休みの日など時間を見つけては、とにかくがむしゃらに練習しました。

「人との差を縮めるためには、人よりも練習せなあかんし、人が休んでいる間が一番のチャンスやもんな」

そう思って、気力と体力が続く限り努力していきます。そうすると、技術の前にまず体力がだんだんとついてきました。入学したときには長距離走でダントツ最下位でしたが、半年後には3位に入りました。

「自分もやればできるやん！」

初めてそう実感した瞬間でした。

そこから体力の自信もついてきて、練習でもみんなと同じようにできることが多くなり、肝心のピッチングもどんどん良くなっていったのでした。

青山学院大学は東都大学野球連盟に所属していて、春と秋に分けてリーグ戦がありますす。1年生の秋の大会の最終戦、優勝が決まった後の試合でしたが、1イニングを投げさせてもらいました。

目標だった神宮の球場のマウンドに立てた瞬間は、本当に感激したものです。

「これが夢の神宮のマウンドか！」
「プロ野球選手が投げるマウンドに立ってる！」

もちろんすごく緊張もしましたが、最高の気分でした。

2年生になってからは公式戦で投げる試合も増え、いつの間にか主力選手の1人に。その後エースになり、大学4年間で2度の日本一と2度の全国大会準優勝を経験できました。

3年生のときには、大学日本代表に選ばれアメリカ代表と戦い、アトランタオリンピックの予選の日本代表にも選んでもらいました。当時オリンピックにプロ野球選手は出場せず、社会人選手中心のチームでした。そのメンバーの中で、ピッチャーで大学生だったのは僕だけ。野手[※18]は同級生の井口と、東洋大学の今岡誠《いまおかまこと》[※19]だけという、大学生の中でも屈指の選手となりました。

「アマチュアのトップ選手の集まりで、こんなすごい選手の中に、僕なんていていいんやろうか……」

「でもこんな光栄なことはないし、本当にここまで来れたことは夢のようやなあ」

※18 ピッチャー以外の、捕手、内野手、外野手の総称
※19 主に阪神でセカンド、サード、ショートとして活躍。引退後は阪神のコーチやロッテの2軍監督などを務める

このオリンピック予選で、さすがにそのときの僕のレベルでは強豪国相手での登板機会はありませんでしたが、2試合に先発して2勝を挙げ、日本のアトランタオリンピック進出に少しでも貢献できたことは本当に嬉しかったです。

この頃は僕も「ドラフト1位だ」と言われるまでになっていましたが、その後4年生のときにめちゃくちゃ調子を落としてしまいました。翌年のオリンピック本戦の代表には選ばれず、リーグ戦でも全然勝てなくなりました。本当にどん底の1年間を味わうという、天国と地獄のような2年間を経験しましたね。

そしてドラフトが近づいた頃には、4年生時の不調な時期だったので、指名されるかどうかの当落線上。

「せっかく3年生のときには手の届く距離やったはずやのに、これじゃあプロにはなれへんかも……」

このときばかりは、自分に対する情けなさと不安な感情で、本当にいっぱいいっぱいの状態でした。

それでも、その状態の中でホークスのスカウト[※20]の方に評価していただき、監督からの又聞きでしたが、「ドラフト4位で指名したい」と事前に伝えられました。

とはいえ、これも口約束です。

「本当に指名してもらえるんやろうか……。事前に指名すると言ってても、当日のほかの球団との駆け引きで実際には指名されないこともよくあるって聞くし……」

そんな不安を感じる日々でしたが、無事、言葉の通りドラフト4位で指名。

小学生のときにはっきりと掲げた夢。

中学生のときにプロ野球選手までの道のりを逆算した自分。

高校生のときに運良く切り拓かれた次への道。

大学生のときに挫折から這い上がれた自分。

僕のすべてが、プロ野球選手になるためだけに過ごしてきたような人生。

ドラフト指名で自分の名前を聞いたときは、それまでの人生で最高の瞬間でしたね。

※20 各球団にアマチュアや学生の有望選手を調査する担当者が存在する

僕が学んだこと

- ☑ 勇気を出してでも自分の意志を伝えることが道を切り拓く
- ☑ 目標へたどり着くためには逆算と自らの決断が必要
- ☑ 挫折を味わっても這い上がり、諦めずに努力すれば成長できる
- ☑ 目標を叶えることが人生で最大の喜び

メンタルと闘い続けたプロでの11年間

「すごいところに来てしまったな……」

高校から大学に進んだときもそうでしたが、プロに入ったときはそれ以上に周囲とのレベルの差を感じました。

それに、いま思うとずっと目標にしていたプロ野球選手になれたことで、ちょっと満足してしまっていたのかもしれません。とにかくプロになることが目標で、それを実現できた。「一生懸命やって駄目やったらクビでもしょうがない」くらいの感覚で、いま振り返れば、「プロの1軍で絶対に活躍するんや！」という気持ちはそこまで強くなかったように思います。

現在コーチの立場で思うのは、入団したことで満足してしまう選手はやっぱり伸び悩むということです。僕はその典型例でした。

僕のプロ野球人生は、前半と後半に分かれるようなイメージです。最初はなかなかうまくいかず、結構苦しみました。でも、ずっと2軍のままで活躍できなかったわけでもなく、1軍と2軍を行ったり来たりしていました。

1年目は開幕1軍。でも5試合ぐらいで2軍行き。そのきっかけになった試合があります。

地元の福岡ドームで、埼玉西武ライオンズ[※21]に21対0で敗戦。被安打数29は、当時の日本ワースト記録です。さらに全イニング得点されて、僕はその試合で7回から9回を投げました。

試合後のミーティングでは、僕の気分は最悪。チームの雰囲気もどん底。みんなの前でヘッドコーチに「おまえはファーム[※22]でやり直して来い！」と怒られました。いまの時代ではあまりないとは思いますが、当時はみんなの前で普通にそのような屈辱的な言葉を言われていました……。

ただ、ショックだったのは怒られたことではなく、自分の情けなさです。

「このままではプロで通用しない。自分のピッチングには何が足りないんやろう」

※21 埼玉県所沢市を本拠地とする、プロ野球球団。パシフィック・リーグに所属
※22 プロ野球用語として「2軍」を指す

このとき初めて、本気で自分のプロ野球人生に向き合ったような気がします。

そこから必死に自分なりに試行錯誤して、1年目の後半には良い感覚もつかめるようになりました。結局、1年目は1軍で15試合に投げることができました。

続く2年目。前半は1軍の中継ぎとして良い成績を残せましたが、そこで疲れてしまって後半の成績はあまり良くありませんでした。この頃のホークスはずっと成績が悪く、僕が1年目のときには南海ホークス時代から20年連続のBクラス。これは多分今後も破られない記録でしょうね。僕の2年目に、同率3位でようやくBクラスを脱出して、僕自身も36試合に投げてプロ初勝利も手に入れました。

そして3年目。チームとしても僕としても「いよいよ！」というところで肩を痛めてしまいます……。1軍での登板は8試合だけ。

僕がまったく活躍できていなかったこの年に、チームは優勝します。ダイエーホークスになって以降では初優勝です。このときのチームと福岡の街の盛り上がりは本当にすごかった。後にも先にもここまでの盛り上がりは経験できないくらいだったのを思い出します。

その優勝が決まった試合を、僕は自宅のテレビで観ていました。そのときのことをはっきりと覚えています。

当時の僕は結婚1年目でした。優勝の瞬間、隣の妻が泣き出しました。「そんなに嬉しかったのかな？」と思って「なんで泣いてんの？」と聞いたら予想外の言葉が。

「悔しくてしょうがない。自分の夫がこの瞬間に球場にいないことがすごく悔しい」

この瞬間まで、僕のどこかに甘い考えがあったのだと思います。何かに妥協していて、逃げていた部分があった。

「こんなんじゃ駄目や。こんな思いをさせとる自分が情けない……」

妻の涙を見て、本当に、心に火がつきました。

「自分が活躍してない優勝は、正直、素直に喜べない」

「今度は絶対にあの優勝の輪の中に入るんや！」

そこから、さらにがむしゃらに練習しました。でも、思ったように成績が出ません。その理由は自分の中でははっきりしていました。僕はずっとメンタル面で悩んでいたのです。2軍ですごく良いピッチングをしても、1軍になると全然力が出せないといった選手がいますが、僕はまさにそのタイプでした。

7年目のオフ、そんな僕が大きく変わった出来事があります。そのシーズン、チームは優勝します。僕は1勝もしておらず、1軍と2軍を行ったり来たりして、たまに1軍で投げるような状態でした。そんな僕が、勝てば優勝が決まるという状況の試合で先発することに！

「めちゃくちゃ緊張するけど、こんなチャンスはもうないかもしれん」

「絶対に勝って自分の試合で優勝を味わいたい！」

球場はビジター[※23]のグリーンスタジアム神戸です。そこで初めて試合に両親を呼びま

※23 対戦相手の本拠地

した。両親は三重県で自営業をしていて、福岡にあるホークスのホームスタジアムまで移動するのは大変です。神戸であればまだ移動しやすいし、晴れ舞台を見せることのできるせっかくのチャンスということで、呼び寄せました。

そして結果は……。3回途中でKO[※24]という、それまでで最も悪いくらいの、本当に情けない投球をしてしまいました。

思いっきり緊張して、頭は真っ白。もうマウンド上で自分が何をしているのかわからないくらいで、とんでもない暴投が何球もありました。

「ホントにっ！　俺は何をしとるんや……」

「お父さん、お母さんにも申し訳ない……」

「自分が情けなさ過ぎる……」

実は当時から、僕は自分のメンタルが弱いことを実感していました。

先発を事前に告げられた瞬間から、満足に食事も喉を通らず、試合前は悪い結果ば

※24 大量失点で降板すること

かり想像してしまい不安でしょうがなかったのです。そして、メンタルが弱いことを揶揄する言葉である「チキンハート」と言われるのが屈辱なので、自覚はしていたけれど、認めたくないわけです。

しかし、この日ばかりは自分をごまかせませんでした。

「両親が初めて試合に来てくれたのに、こんな恥ずかしい思いをさせてしまった……。いい加減正直に、自分の弱さと向き合おう」

そう思えた瞬間だったのでした。

それまでにも、少しでも改善しようといろいろなメンタルトレーニングに取り組んでいましたが、あまりうまくいかずにいました。そこで、尊敬する先輩の小久保裕紀さんに相談すると、栃木にある「瞑想の森内観研修所」での経験が良かったという話をしてくれました。「内観法」という精神を鍛える修行で、心理療法としても活用されているスキルです。

具体的には、自分の過去を振り返る作業を、1週間朝から晩まで延々と続けるものです。そんなに長い間練習をせずに過ごすなんて、人生で初めてのこと。

「こんなことをやって何の意味があるんやろう……」

実際にやってみても、最初のうちはまったく効果を実感できませんでした。ところが最後の3日間でものすごい変化が表れたのです。人生観、価値観がすべてひっくり返りました。

「すごく心が落ち着いた。地に足がついてる感じがする」

この修行の中で、自分に対する気づきがたくさんあったおかげで、いままで背負っていた重荷のようなものが全部なくなった感じがして、すごく気が楽になりました。

いま思えば、この経験がなければきっとどこかで心を病んでいたと思います。その後のプロ生活も、コーチとしての人生もなかったかもしれません。

そして翌年、8年目のシーズン。それまでの僕だったら、ほかの選手がエラーや怠慢プレーをすれば、心の中でその選手を責めることがありました。もちろん口にはしませんが、頭の中では「何やっとるんや！」と怒っていた。それが気持ちにゆとりができたことで、相手の立場で物事を考えられるようになったのです。

「みんな一生懸命やってのエラーやもんな。自分もするときがあるし。怠慢プレーに見えたとしても何らかの理由があるかもしれない」

自分の感覚や価値観で、人を評価しないようになったのだと思います。

そのシーズンは、僕が30歳になる年。

「今年駄目だったらクビやろな。でも、悔いを残さないと決めて思いきりプレーして、駄目やったら仕方ないわ」

諦めているわけではなく、どっしりと腹を据えて野球に向き合える自分がいました。

そんな僕はこの年、初めて1年間フルに1軍で活躍。キャリアハイ※25の数字を残せました。変わったのは考え方だけ。野球の技術は前の年とまったく同じなのに、成績は真逆です。いかにメンタル面が大切かと身に染みました。

その年、チームはレギュラーシーズン首位※26に。この年の活躍でファンの方々にもたくさん名前を知ってもらえたし、球団の方にも高く評価してもらえました。

その翌年以降は、肩を痛めてしまってあまり活躍できなかったのですが、気持ちはすごく落ち着いていました。結果的に良い成績は残せなかった中で、そのときそのと

現役時代

※25 選手生活の中で最高の成績を指す
※26 当時はレギュラーシーズン終了後に1〜3位の球団でトーナメントを行い、その勝者がリーグ優勝とされていた（プレーオフ）。この年、ホークスはプレーオフで西武に敗戦

きにやるべきことがはっきりしていて、集中できているような感覚。それまでのシーズンとはまったく違う気持ちで過ごせました。

プロはやっぱりすごく厳しい世界で、生き残れる人は当然良い成績を出しています。僕は現役を11年続けましたが、1軍でフルに活躍できたのは3年間くらい。活躍できたシーズンは、「この年駄目だったらクビになる」と覚悟した年ばかりでした。「悔いを残したくない」という思いが、自分の力を引き出し、結果に繋がることを実感しました。

僕が学んだこと

- ☑ 現状に満足してしまえば成長しない
- ☑ 自分の弱さを認め、向き合うことが本当のスタートライン
- ☑ 自分の感覚や価値観で人を評価しない
- ☑ 「悔いを残したくない」という思いが力を引き出す

プロ野球を引退する勇気がないだけだった

現役を引退した後、僕は結果的にコーチになったわけですが、実はもともとコーチになりたいと思っていたわけではありません。

引退の2、3年前。肩を痛めて球速が落ちてしまい、そろそろクビになるだろうなと頭の片隅では思っていました。

「引退した後、どうしよう……」

初めて〝その後〟を考えました。それまでは、やっぱり考えたくないわけです。どうにかしてプロ野球の世界に残りたくて、引退後のことを考えるのはむしろ駄目なことだというような感覚だったからです。

「俺は何をしたいんやろう、何をすべきなんやろう」

そう考えたとき、漠然と答えが出てきました。

「指導者になりたい！」

小さい頃から大好きで、人生のすべてを賭けてきた野球に、これからも携わっていきたいという思いが湧いたのでした。

将来はコーチになりたい。そうした意識を持つと、教える側の視点で目の前のコーチのやり方を観察したり、過去のコーチの指導法を思い出したりするようになりました。

「この教え方は自分も嫌やったし、選手が嫌な気持ちになることは絶対やめよう」

「あの練習のアドバイスは効果があったから自分も使っていこう」

そうしてだんだんと自分が理想とするコーチ像が見えてきました。

最近になって、「目標とするコーチは誰ですか？」「誰か参考にしたコーチはいますか？」といったことをよく聞かれますが、正直、「誰もいなかった」というのが答えになります。

もちろんコーチに助けてもらったこともたくさんあり、決してそれを忘れることはありません。ただ反面教師として参考にしたことのほうが自分にとっては大きく、「それだけは絶対にしないコーチになろう」と思っていましたから。

とはいえ、引退してすぐにコーチになったわけではありません。戦力外通告[※27]を受けたときに、実は「チームに残って育成コーチ[※28]にならないか」という打診をいただきました。でもそのときの僕は、まだまだ現役を諦めたくありませんでした。

「ホークスがダメでも、絶対に選手を続けてやる」

ピッチャーとしての力が落ちてきていることはもう自分でわかっていたし、クビと

※27 チームの戦力構想から外れていることを選手本人に通告すること。選手契約の解除を意味する
※28 選手の育成を支援するコーチ

言われる覚悟もしていました。でも、小さい頃からプロ野球選手だけを夢見てきた人間が、いざ野球を辞めようと思っても決心がつきません。少しでも望みがあればと、最後の最後までもがくのでした。

そうして日本のプロ野球チームのトライアウト※29を2回受けました。でも、手を挙げてくれる球団はありません。

「よし、それならアメリカに行こう」

いま思えば、なんて無茶な決断！ でも、そのときは本気でした。いや、本気だと思い込もうとしていました。

あるとき、いつも相談に乗ってもらっていた知人からの電話が鳴りました。日本ではプロを続けられないという状況。「この先どうするんだ」と聞かれ、「海外に行きたい」と言ったら、すごく怒られたのです。

※29 プロ野球球団への入団を希望する選手や戦力外通告を受けたものの現役続行を希望する選手などが、各球団に対してアピールするための機会

「おまえ、それがどういうことかわかってんのか！」
「アメリカに行って、本気で活躍できると思ってんのか！」

電話口で、はっきりとそう言われました。

「何言ってんの？　俺はまだやれるんや！」
「最初はマイナー[※30]でも、絶対メジャー[※31]に上がってやる！」

……というような気持ちになれていれば、挑戦していたのかもしれません。でもその瞬間、僕の心の中からそのような言葉はまったく浮かびませんでした。

そこで初めてわかりました。

「俺は野球を辞める決心がついてないだけなんやな……」
「誰かに背中を押してもらいたかったんやな……」

※30 メジャーリーグの傘下リーグ。日本のプロ野球で言う2軍に当たる
※31 アメリカプロ野球の最高峰リーグ

そうして、自分の正直な気持ちに気づき、そしてその自分の曖昧な思いが、家族を含めていろいろな人を犠牲にするということに気づいたのでした。

「そうか。もう辞めよう……」

ついに、現役引退を決めました。

でも、決心したときにはもう時期が過ぎてしまっていたので、チームから打診のあった育成コーチはほかの人に決まっていました。「この後どうしようかな……」と考えていたある日、ありがたいことにチームから「コーチとしてはもう遅いけど、フロントに入らないか」と打診をいただいたのです。

そうして1年間フロントで働いた後、コーチになりました。ホークスでのコーチは、2009年からの13年間。3軍から1軍、さらに投手コーチの統括[※32]までやらせてもらう中で、自分のコーチングスタイルも固まっていきました。育成時代の3軍から指導

※32 プロ野球球団には複数の投手コーチが所属している

してきた千賀滉大《せんがこうだい》投手※33が日本を代表する選手になり、後にメジャーに移籍するなど、選手育成の実績も積み重なっていきました。

そしてコーチ10年目くらいのとき、選手がメジャーリーグの話題を頻繁にするようになりました。イチロー選手※34や松井秀喜《まついひでき》選手※35、ダルビッシュ有《ゆう》投手※36など、たくさんの選手が海を渡っています。特に大谷翔平《おおたにしょうへい》選手※37の存在は大きかったと思います。

「みんなどんどんメジャーに行くよな。でもまあ、日本のプロ野球のコーチとしてはあまり関係ないかな……」

もともと僕は特にメジャーリーグに注目していたわけではないし、メジャーの野球理論にも、正直あまり興味はありませんでした。

でも、次第に考えないわけにはいかなくなってきます。メジャーでの日本人選手の活躍が増え、多くの選手が練習前などにメジャーの試合を見るようになりました。それにSNSを通して、メジャーの練習方法や投球理論を誰でも知ることができます。

※33 「お化けフォーク」と呼ばれる変化球を武器に活躍。福岡ソフトバンクからメジャーリーグのニューヨーク・メッツへと移籍
※34 高打率と好守備で知られ、日米で数々の新記録を樹立した日本人最高といわれる名選手
※35「ゴジラ」の愛称で知られる長距離打者。巨人を代表する選手として知られ、メジャーリーグでも活躍

選手と話をしていても、メジャーの話題が頻繁に出てきます。その中には、僕の知らない言葉や理論もあります。

「これはまずい……。自分も勉強しないと、選手の求めていることに応えられなくなってしまう」

選手と同じ土俵に立っていなければ、選手が間違った方向に行ったときに正すことができません。

昔は、監督やコーチが「やれ」と言えば、選手は「はい！」と答えるような時代でした。それは、正しい情報を選手自身が調べられなかったからです。学ぶためには、経験者に「聞く」しかありませんでした。監督やコーチ、先輩は正しいことを言っている。それがある部分では錯覚にもなっていたわけです。

それがいまは自分で情報を取り入れることができます。そうした世代の選手に「これをやれ」と言っても、「なんでやるんですか」「どんな意味があるんですか」となります。そこで「いいからやれ！」と腹を立てても仕方ありません。僕もいまの時代に

※36 日本ハムで活躍後、メジャーリーグに移籍。最多勝利や最多奪三振のタイトルを獲得するなどの活躍を見せる
※37 バッターとピッチャーを兼任する「二刀流」として知られる選手。メジャーリーグでもリーグMVPを受賞するなどの活躍を見せる日米のスーパースター

生まれていたら、きっと同じように「なんでですか？」と聞くはずです。

コーチは、選手を成長させること、選手に良い成績を出してもらうことが仕事のはずです。選手がいなかったら、コーチという役割もない。だったら、選手たちが良い成績を出せるように、より良い方法を見つけていかないといけません。

その上でコーチがすべきなのは、選手が持っていない「経験」を伝えることです。いまは、頭で計算した通りにしか動けない人が多いと感じます。どれだけ知識を詰め込んでいても、想定外のことが起きたときにすぐ崩れたり、違う方向に進んだりしてしまいます。それを正せるのは、やっぱり経験者しかいないのです。

そういう意味で、僕は経験豊富な指導者が新たな知識を学ぶことができれば、より良くなっていくと思います。でも実際は、自分の経験と感覚だけを押しつける人が多過ぎます。「感覚」は大事ですが、まずは必要とされる理論を学んだ上での話です。

それに、コーチになった僕の目標は「日本で一番のピッチングコーチになること」です。コーチが成績を出すわけではないから「一番」の判断基準はありませんが、僕はそう思っています。

そんな中、世界で一番すごい野球選手が集まるメジャーリーグを知らないと、野球界でこれから先の時代に一番にはなれないと思ったのです。そうして、僕は「武者修行の旅」を考えるようになりました。

僕が学んだこと

- ☑「反面教師」から多くの学びを得ることができる
- ☑「辞めたくない」ではなく、辞める勇気がなかったことに気づいた
- ☑知識豊富な相手に年長者が提供できる重要なことは「経験」
- ☑「感覚」は必要とされる理論を学んだ上で発揮されるもの

給料なし・全額自腹で、いざ、アメリカへ

「新しい理論を知って一番のコーチになるためには、アメリカに行くしかない！」

僕はアメリカでの野球コーチ留学を決意し、25年間お世話になったホークスを自ら退団しました。アメリカ行きの期間は特に決めず、最低2年間。ただし、アメリカで受け入れてくれる球団があるのかどうかはわかりません。あっても見習いの立場で給料はもらえないでしょうし、その間の生活費や旅費はすべて自費です。それに、日本に戻ったときにチームに戻れる保証もまったくありません。

ホークスでは投手コーチの統括役として、自分の思い通りに働くことができていました。投手コーチの中では給料も一番高かったはずです。そういう立場を全部捨てて出て行って、帰ってきてからの保証もない。「なんで？」「よくそんな行動を決断できるね」と、みんなから言われました。

僕はビビりな部分がありますが、自分の将来に対する不安や恐怖というのは、ほとんど感じません。


「仮にプロ野球界に戻れなかったとしても何かしら仕事はある」

「あのときやっとけばよかった、と思うことが嫌や」

「やらずに後悔するよりはやって後悔したほうが納得できる」


僕の人生すべてにおいて言えることですが、悔いを残したくないのです。

ただ、やっぱり現実はそんなにうまくいくわけではありませんでした……。

まず、受け入れ先が決まりません。日米の球団同士で提携しているところもあり、日本からたくさんのコーチがアメリカへ研修に行っています。でも僕の場合はチームを辞めたので、後ろ盾がありません。アメリカの球団側も、仲介がなければ僕がどういう人間なのかもわかりません。

当然、なかなか話も進まず、日本では2月1日からキャンプが始まるというのに、1月の中旬になっても受け入れ先が決まらないという状況でした。

「日本一のピッチングコーチになるためにアメリカへ行きます！」

そうメディアでも豪語していたのに、実際には行くところが決まらない。

「自分は一体何をしとるんやろう……」

人生の中でも久々に、すごく不安な日々を過ごしたような気がします。

自分自身に「これも挑戦の一部なんだ」と言い聞かせる毎日の2カ月間。

そのとき支えてくれたのは、勇気を与えてくれ、いろいろなアイデアを提案してくれる知人や友人でした。

僕は本当にたくさんの方々に支えられているのだと、改めて気づかされました。人と人との繋がりの大切さ、そして「縁」に改めて感謝しました。

そして、その「縁」が僕の夢の第一歩を繋いでくれました。メジャーリーグのテキサス・レンジャーズ※38（以下、レンジャーズ）のマイナーチームが、コーチ研修として

※38 テキサス州アーリントンを本拠地とする、メジャーリーグ球団。アメリカンリーグ西地区に所属

の受け入れを決めてくれたのです！

決まったのは1月の中旬を過ぎていた頃。正直、受け入れ先が決まらなかったときのことも覚悟していました。決まったときは本当に嬉しかったし、レンジャーズには感謝しかありません。

いまでこそ思います。「なんて無知な選択をしたんだ！」と……。

日本の球団からの派遣ならともかく、何の後ろ盾もなく、アメリカでの実績も当然なく、しかも僕は英語が話せません。そんな人間を簡単に受け入れてくれると思っていた自分の考えの甘さ！　なんて身の程知らずな選択だったのだと、本当に情けなくなりましたね。

何はともあれ、こんな僕がレンジャーズ球団に受け入れてもらえたのも、いろいろと僕のために動いてくれた関係者の方々のおかげです。本当に、感謝してもしきれません。ありがとうございました！

こうして僕はアメリカ武者修行に辿り着くまで、自分自身のいろいろな感情と闘い、そして夢の第一歩を踏み出せることになったのでした。

僕が学んだこと

- ☑ やらずの後悔より、やっての後悔を選ぶ
- ☑ しかし、現実はそんなに甘くない
- ☑ 人との繋がりや縁が自分を助けてくれる

いよいよ、１人航空機へ

アメリカへは学生時代から遠征などで行っていますし、家族旅行でも何度も訪れているので、生活に対する不安はほとんどありません。しかし、新型コロナ禍となってからは初めての海外。以前とはまったく違う状況で、不安だらけです。

まず、無事に入国できるのか？　ワクチン接種証明など、準備するものが多い。それに飛行機に乗る１日前のＰＣＲ検査陰性証明も必要で、前日までドキドキです。

「本当に全部書類は揃ってんのか？　ＰＣＲ検査で陽性だったら全部キャンセルしないといけないし、いつアメリカに行けんのかな……」

渡米に関するすべてを自分で準備しないといけないこともあり、不安は尽きません。

そして渡米前日となる検査当日。夕方に陰性を知らせるメールが届きました。

「よっしゃあ！　第一関門突破や。あと2つ」

あと2つとは、まず書類の不備がなく、無事に飛行機にチェックインできること、そしてアメリカのイミグレーション（出入国審査）を無事に通過することです。

そしていよいよ出発の日。今回は単身渡米です。アメリカ挑戦は家族の理解がなければ到底叶わなかった夢です。当初、妻は反対しました。給料を捨てて、貯金を切り崩して生活するわけですから当然です。

僕は毎日思いを伝えて説得していました。

「いままでもそうやったように、絶対に生活に不自由はさせない。明確に根拠は示せへんけど、俺を信じてくれ！」

そう言い続けて、最後は納得してくれました。妻とは20歳のときからの付き合いで、お互いに深い部分を理解し合えているからこそだと思います。本音では「なんでそんなリスクの大きいことをするんだ」といった気持ちもあったと思います。納得してくれたのも、内心は渋々だったのかもしれません。でも、「応援する」と言ってくれました。すごくありがたいことです。そして娘からも、「福岡もアメリカも遠距離であるのは変わらないから大丈夫だよ」と言ってもらえたことが、何より背中を押してもらえた気がしました。

また僕のわがままで無茶な決断を後押ししてくれた実母や実兄弟、そして義理の両親も含めて、家族みんなが理解をしてくれたことは本当に大きな勇気となりました。快く送り出してくれた家族、特に妻と娘には本当に感謝しかありません。

「ここまでして行くんや。絶対に無駄にはしないし、成長して帰ってくる！」

これまで僕は単身で福岡に住んでいたこともあり、家族と離れる淋しさはそんなに感じないかなと思っていました。けれど、やっぱり簡単に会える距離ではありません。友人や知人がほとんどいない生活を前に、急に淋しい思いが湧き出てきました。

そして久々に訪れた成田空港は、これまでとはまったく違う、ガラガラの状態。「本当にこのタイミングでの渡米は特別なことなんやなあ」と余計にしみじみとなりました。

さて、渡米直前の最後の晩餐！　ではないけれど、当分は味わえなくなる日本での食事を何にするか。

ラーメンとの2択で迷った末に、トンカツ定食を選び、淋しさと共にじっくりと日本食の美味しさも味わいました。「今度帰国したら迷わず、2つとも食べたる！」と心の中でよくわからない決意をしながら。

第3関門となる航空機のチェックイン。

書類などに少し不備が見つかり、かなり焦りました！　が、急いでその場で不備を改善し、無事チェックイン。

淋しさを隠して、出発！

「何かあったときのために3時間以上前から空港に来て正解やったな」

このときばかりは自分が不安症で良かったと、思わず心の中で自分を褒めました。以前にもアメリカに行くのにチェックイン直前までＥＳＴＡ（電子渡航認証制度）を取り忘れるという失態を犯したことがあったので……。

そしていよいよ出国です。少しの間離れ離れになる家族といつも以上にしっかりとハグをして、しばしのお別れをした後、淋しい気持ちを悟られないよう、1人飛行機に乗り込んだのでした。

僕が学んだこと

- ☑ 未知のチャレンジには相当な準備と覚悟が必要
- ☑ 何より大切なのは家族の存在
- ☑ 周囲の人には、言葉を尽くして思いを伝える

アメリカの地を踏む前に帰される……？

フライトの目的地は、レンジャーズがスプリングキャンプ[※39]を行うアリゾナです。日本からアリゾナへの直行便はなく、今回はロサンゼルス経由で行くことにしました。成田からロサンゼルスまで、ＪＡＬグループのＬＣＣ（格安航空会社）が飛んでいるということを、今回初めて知りました。今回の旅は自費で、少しでも節約することが大事なので、このチケットに決めました。

「もしサービスが悪くても関係ない。寝るか、本読むか、映画観てればいいだけや」

しかし、僕の１つだけの贅沢として、久々の海外なのでフルフラットで横になれるビジネスクラスのような席（それでもＬＣＣなので格安です）を選びました。

※39 シーズン開幕前の練習期間。メジャーリーグでは、アリゾナ州とフロリダ州で行われる

「節約言うといて、なんでやねんっ！」

いきなりツッコミどころ満載のチョイスでしたが……。

というわけで、飛行機に乗り込んだのですが、いつもの機内の雰囲気と様子が違う。

「んっ？　お客さんが全然乗ってへんな……」

数えてみると、ビジネスクラスには僕を入れて3人、後ろの普通席でも20人くらい。機内は通常のジャンボジェット機なので、明らかにガラガラというか、ほとんど乗っていないくらいの印象でした。

そして飛び立つと、普通席の人たちもみんな隣の空席を使って横になり思い思いにリラックスしていました。

「しくじった！　普通席でも横になって寝れたやん……」

少し損したような気分にもなりましたが、まあこれも乗らないとわからなかったことです。「ビジネスクラス用のブランケットやアメニティも貰えたし、まあいいか…」と、無理やり自分で自分を納得させましたね。

機内では、寝たり、食事したり、映画を観たり、本を読んだり。いつも思うのですが、長時間のフライトは僕にとってそれほど辛いことではありません。

そして夜が明け、窓の外に朝日が。

「いよいよやっ。ついにここまで来たっ！」

気持ちがどんどん引き締まってきました。

飛行機に乗ってからあっという間にロサンゼルスの街並みが近づいてきたような感覚でした。そして無事に着陸。

飛行機に乗るときはいつも少しビビッているので、「無事に送り届けてくれてありがとう」と、この瞬間だけは本当にホッとした気持ちになります。

そして最後の関門である入国審査場（イミグレーション）へ。

「これを突破できたらやっとアメリカやな」

機内のお客さんも少なかったので前方に乗っていた僕は、一番乗りでイミグレーションカウンターに到着しました。

まだ新型コロナ禍ということもあり、ほとんど人がおらずがらんとした雰囲気だったので、意外にあっさりと外に出られるのかなと思いましたが、審査が始まった瞬間1つ忘れていたことに気づきました。イミグレーションカウンターでは入国審査官に

ついにロサンゼルスに到着！

いろいろと質問されるのですが、僕は英語を話せないことをそのときに初めて思い出したのです。

「しまった！　何を聞かれてるか全然わからん！」

こっちは簡単な単語しか話せないし、審査官が何を話しているのかもわからない。しかもコロナ禍ということもあり、いつもより質問も多いように感じました。

そうして質問が続く中でやはり、やらかしました……。「どこに行くんだ？」と聞かれて素直にアリゾナと言えばいいものの、乗り継ぎのことを伝えるのが難しく感じたので

「ロサンゼルスだ」と答えたのがそもそもの間違いでした。

「ロサンゼルスには何しに来た？」

「観光です」

「どこに泊まるんだ？」

（……しまった！　泊まるところはアリゾナだ。どうしよ……）

この後、乗り継ぎまでかなり時間があったので、ロサンゼルス在住の友達と会う予定にしていました。

「友達に会う！」

「友達はどこに住んでいるんだ？」

「住所は知らない！」

「仕事は何してる？」

「仕事はよく知らない！」

「知らない」を連発していたら、そりゃ怪しまれますよね……。そうしている間にどんどん時間が経ち、一番乗りだった僕はすでに最後のほうに。冷や汗が止まりません。

隣のレーンの日本人も、僕と同じように英語が満足に話せない様子。そしてついには、審査官がその人にキレ気味に少し声を張り上げていました。

「怖ぇー！　どうなるんやこれは……。もしかしたら、このままアメリカに入れない？」

このまま日本に戻されるというような最悪のことも頭に浮かび出し、それでも必死にスマホで友達との写真やメッセージのやり取りを見せて、なんとか話を続けました。最後のほうは、もう質問と答えがまるで一致していなかったと思います……。

それでも一生懸命やり取りをしたおかげか？　怪しい者ではないと思ってくれたのか？　審査官が溜息をつきながら「もう行っていいよ……」と言ってくれました。

「やったー！　助かったー。怖かったー」

イミグレーション一番乗りからかなりの時間を要しましたが、やっとのことで通過することができました。

旅の出だしから英語の壁を痛烈に感じた出来事だったのでした。それと同時に、自分の準備の甘さを痛感したのです。こんなに英語を話せないのによく1人でアメリカに来たなと。もっと準備しておくべきだったと。そして、その「甘さ」をこの後にもっと痛感することになるとは、このときの僕はまだ気づいていなかったのです……。

僕が学んだこと

- 入国審査にはしっかりとした準備が必要
- 海外での乗り継ぎには十分な時間を取っておく
- 言葉が通じなくても一生懸命話せば何とかなる

キャンプ地到着、恐怖の散歩

何はともあれ、最後の関門も突破し、晴れてアメリカの地に足を踏み入れることができました。ここからテキサスレンジャーズのスプリングキャンプ地であるアリゾナ州のサプライズという街へ向かいます。

今回は1人での移動で不安だったので、経由地のロサンゼルスで少し多くの時間を取りました。そこで20年来の友人に会い、メジャーリーグのアーバンユースアカデミー[※40]を見学させてもらい、僕の大好きなファストフードを食べて、久々のアメリカを楽しみました。

「友人がいてくれて本当に助かったわあ。不安や淋しさも一気に晴れた気がする」

つくづく、人との繋がりや縁に本当に感謝しました。

※40 都市部の野球振興を図るため、ロサンゼルスに設立した野球学校

そして、経由地ロサンゼルスから約2時間のフライトを経て無事アリゾナ州のフェニックス・スカイハーバー国際空港に到着。空港では、レンジャーズで働く日本人スタッフが迎えに来てくれ、今回僕が宿泊するレンジャーズの施設まで送り届けてくれました。

宿舎に到着すると、目の前には「どーんっ！」とレンジャーズのロゴマークが！

「めっちゃかっこいいなー!!」

「さあ、これからどんな武者修行の旅になるんかなあ……」

憧れのメジャー球団に触れた高揚感とワクワク感、そしてまだこの先の不安とが入り混

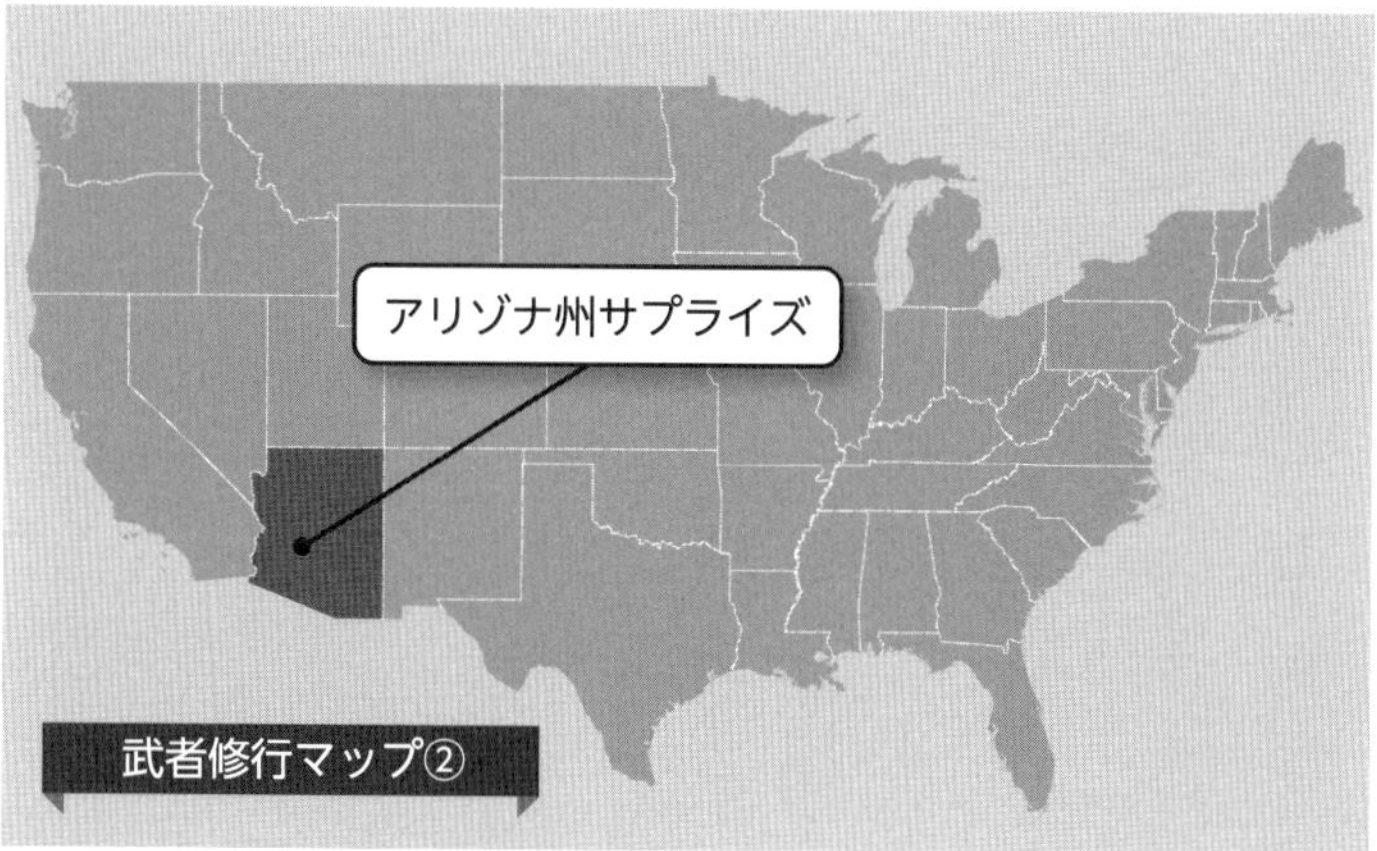

じる僕だったのでした。

翌日、チーム合流前に1日の準備期間を取っていました。身の回りの必要品をメインにショッピング。前日に日本人スタッフが食料品の買い出しに連れていってくれたので、お店の場所はわかります。時間もあるから運動がてら歩いて行こう。このくらいの距離だったら30~40分あれば着くだろう。それが恐怖の散歩の始まりでした。

宿舎を出ると、道は広々としていますが、歩道はそんなに整備されておらず、すぐ横は広大な空き地。

「この空き地から凶暴な生物が現れたらど

武者修行スタートの地

うしよう。オオカミとかサソリとか……」

見知らぬ土地で、見慣れない景色を前に、いろいろなことを想像し始めたらどんどん怖くなってきました。周りには歩いている人もまったくおらず、恐怖心は助長するばかり。散歩を楽しむ余裕も次第になくなり、自然と早歩きになっていきました。
そして車がバンバン通る大通りに出て歩いていると、1台の車から窓を開けて僕に向かって叫ぶ若者が！

「××××!!　×××××××!!!!」

よく聞き取れませんでしたが、ここには書けないような汚い言葉だったと思います。日本ではあり得ないことにすごく驚きました。
この瞬間、完全に僕の恐怖心が形を持ちました。

「めっちゃ怖えー！」。1人で歩いて行くなんてやめときゃよかった。行き慣れた海外だと思って油断し過ぎたわあ……。でももう簡単に戻れないところまで来とるし、行くしかない……」

冷や汗も出てきて、さらに早歩きに……。
40分もあれば着くと思っていたのに、結局1時間。ようやく目的地に辿り着きました。

「やっと着いたー。助かったー。でもまたあの道を帰るんかあ……」

さっさと目的の買い物を済ましたものの、先程の出来事でまったく落ち着きません。何とか心を落ち着かせ、ブランチで束の間の休息を取りました。

「あー、またあの道を帰んのに1時間もかかんのかあ……。暗くなったらさらに怖いから早く帰ろう……」

1時間もかけて歩いてきたので、もっといろいろなお店を見て回りたいとも思いましたが、来た道を帰る不安のほうが勝り、帰途につきました。

帰りは後ろから近づく車にビビりながらも、何事もなく宿舎に到着。

その後レンジャーズで働く日本人トレーナーの「カイさん」と初めてお会いして挨拶を済ませると、早速明日からの合流のために宿舎近くにある球場施設の中を案内してくれました。このときばかりは日本語を話せる人に会えるありがたさを本当に感じましたね。

「さっき、こんな怖いことがあったんですよー」
「それならUber使えばよかったですね」
「あっ！　そっかあ。その手があったんや。完全に頭になかったわ……」

日本ではどこでも当たり前のように見かけるタクシーを、道中ほとんど見かけなかったので、タクシーに乗る選択肢が僕の頭から完全に消えていました。

アメリカではいまとなってはUberが主流になり、日本のようなタクシー会社の車はあまり見かけません。それがわかったので早速Uberのアプリを登録して、「もう絶対に歩いてショッピングには行かへん！」と、固く固く心に決めたのでした。

こんな風にいきなりビビらされたアメリカ初日ですが、僕は一応海外には慣れています。大学のときに2回、日本代表としてアメリカへ遠征に。現役時代にはウインターリーグでハワイに行きました。コーチ時代にもウインターリーグの帯同コーチとしてプエルトリコに4年、あともう1年も同じくウインターリーグのコーチとしてドミニカにも行きました。新型コロナ禍以前は、毎年家族で海外旅行もしています。

今日みたいな怖い出来事はなかなかないのですが、海外に出たら、日本の価値観がまったく通用しません。日本人にとっては、やっぱり日本が最も快適です。

アメリカの場合、全体的にルーズに感じます。もちろんしっかりしているところもたくさんありますが……。お店に行ったらウェイトレスさんにコップを「ゴンッ！」と置かれる。スーパーではレジを通した商品を横のトレーに「ドンッ！」と投げられる。そんなことは日常茶飯事です。

その点では、日本人は何事にもきっちりしているし、丁寧です。それを求められる日本では少し窮屈に感じられる場面もあるのですが、海外ではやっぱり「日本って良いな」と感じます。

一方で、アメリカのチームでは細かなルールがたくさんあります。アメリカに「自由だ」というイメージを持つ人は多いと思いますが、ある意味日本より大変です。もちろん自由なところはあるけれど、日本より厳しく指摘されることがあります。

例えばレンジャーズでは、「きちんとした理由がない限り試合中に携帯を使用してはいけません」「グランドでの服装は自由ではありません」などと言われます。日本のチームでは、もちろんいちいちそんなことは言われません。

この違いは、アメリカがいろいろな人種が集まった国だからだと思います。価値観も教育も違うから、細かなルール設定をしないと無法地帯になってしまうわけです。

このように、海外で自分とは違う価値観に触れるのは、とても良いことだと思います。この環境に慣れてくると、人との価値観の違いを受け入れられるようになります。

僕も昔は自分と考えの合わない人がいると、「なんでそんなこと言うんだ」「なんでこんなことするんだ」と、腹を立てたり傷ついたりしていました。それが海外を経験することで、あまり動じなくなったような気がします。

そして多くの人に、世界を見てほしいと思いました。良いことも悪いことも含めて経験してほしい。すると、日本のより良い部分もわかるようになります。

例えばアメリカの球場は、正直、汚いと感じます。ベンチには試合中によく食べられているヒマワリのタネの殻や紙コップなどが下にたくさん捨てられていて、スタンドにはピーナツの殻が山ほど。街の道端も綺麗とは言えません。日本とは大違いです。

2022年のサッカーワールドカップでは、日本のサポーターがスタンドに落ちているゴミを拾って帰った、選手がロッカールームを綺麗にして帰ったといった行動に、世界中から称賛が集まりました。大谷翔平選手が、グランドに落ちていた紙くずを拾ってポケットに入れたのが褒められたというのもあります。

しかしこうしたことは、日本人にとっては当たり前です。普通にやっていることが賞賛される。これはすごいことだと思います。

情報化社会の現代では、たくさんのものが見えます。「隣の芝が青く見える」ではないですが、別の場所が良く見えてきて、日本人の価値観を重視しない人が増えてきているのかもしれません。

ワールドカップのゴミ拾いのニュースを見て、「そんなことをしたら掃除する人の仕事がなくなるだろう」と言う人もいました。これは私見ですが、なくなるわけがないと思います。どれだけゴミを拾っても、掃除はしなければいけないわけです。掃除をする人の負担が軽くなるだけで、それの何が悪いのか。わざわざ仕事を増やす必要はありません。仮にそれで人員が減らされたとしても、会社はそのお金を違うところに使うことができる。そこで人を雇うこともできるでしょう。そして何より、自分たちが汚したものは自分たちで綺麗にするのは、当たり前のことだと思うのです。目の前のことを端的に、損得勘定だけで考え過ぎている人が増えているように思います。日本で暮らす中で培ってきた、日本人の良さ。それを失うのはもったいないと思いました。

さて、いろいろあった1日でしたが、日本人スタッフのカイさんの登場のおかげで少し安心感を得て、明日の準備もしっかりとできました。明日はいよいよチーム合流です！

僕が学んだこと

- ☑ 異国の地で1人の散歩は危険
- ☑ アメリカではタクシーよりＵｂｅｒが主流
- ☑ ルールがないと無法地帯になる可能性がある
- ☑ 自分とは違う価値観に触れることで人間として成長する
- ☑ 外国に行くと、日本や日本人の良さを再認識できる

第2章

挫折と希望のスプリングキャンプ

いよいよレンジャーズのマイナーチームに合流

待ちに待ったこの日がやってきました。レンジャーズのマイナーチームのキャンプに合流です。お土産に定番の日本のお菓子詰め合わせをたくさん持参して、球場に行きました。

まず不安だったのが、本当に自分のロッカーはあるのか？　ユニホームはちゃんと用意されているのか？　です。

宿舎の通りを挟んだ向かいにある球場に行き、コーチ室に入りました。たくさんの人がいます。

まずは挨拶からだ！

「Nice to meet you」

「My name is Shinji Kurano」

ちょっと声が小さいかな……？　少し緊張で引きつった笑顔で、一生懸命カタコトの英語を発していきました。

しかし嬉しいことに、みんな僕の不安を吹き飛ばすくらいの笑顔で迎え入れてくれました。その中の1人、フィールドコーディネーター※41のケニーさんが早速施設内を案内してくれました。僕の不安を察してくれたのか、こんな言葉もかけてくれました。

「欲しいもの、足りないものはあるか？　何でも俺に話してくれ！」

ほかのコーチ陣も、僕が淋しい思いをしなくていいようにいろいろと気を遣ってくれて、涙が出るくらい嬉しかったです。不安なときに助けてくれる、話しかけてくれる、気にかけてくれる。そして1人にさせないように近くに座ってくれる。それがどれだけ自分を救ってくれるか。日本にいたら、この年齢でこんな体験をできることはなかったでしょう……。

「日本に帰って同じ境遇の人がいたら、同じようにしてあげよう！」

※41 各コーチ・選手たちのマネジメントをして、統括する役割

人の優しさに触れ、感動したことで、そんな思いが芽生えたのでした。

そして僕のロッカーに案内されると、ちゃんとユニホームが用意されていました！

「うわー、良かったー。自分の名札も貼ってあって、かっこいい」

「ようやくスタートできる！」

チームの一員として受け入れてもらえたのだと実感し、本当に感激した瞬間でした。

そんなこんなで、早速今日から練習が始まります。

このキャンプはマイナー選手が行うもので、本当のキャンプインはまだ先です。いわゆるアーリーキャンプ[※42]みたいな位置付けです。

とはいえ、ほとんどのマイナー選手やコーチ、スタッフが参加していたと思います。これを2週間程行ってから本格的なキャンプインとなりますが、キャンプインしてから練習を重ねて試合ができるレベルに仕上げる日本とは違い、こちらの選手はキャンプインと同時に、すでに試合ができる状態まで仕上がっています。

思い返せば、僕は現役引退後に球団フロント職に就いた1年間以外、10歳から毎年

※42 スプリングキャンプ前に行われる練習期間。日本で言うキャンプ前の合同自主トレに当たる

ずっとユニホームを着ています。今年になってユニホームを着るのは今日が初めて。

「サイズは合うかなあ、似合うかなあ」

ちょっとドキドキしながらユニホームに袖を通しました。やっぱりユニホームを着ると一層気が引き締まります。

その後コーチミーティングを終え、ようやくグランドへ。

まず、グランドの「多さ」に圧倒されます。メジャーの試合が行われるメイン球場のほかに、試合ができる大きさの球場が６つ、内野だけのグランドが１つ、バント専

ユニフォームもあって一安心

用のグランドが1つ、ランニング場が1つと全部で10個のグランドがあります。

「なんなんこれ！　グランドがめちゃくちゃいっぱいある。日本では考えられん」

そして内外野ともすべて天然芝です。手入れが行き届き、見た目も綺麗。何より気持ちが良い！

これほどの施設は、日本ではまず見られないでしょう。それもそのはずです。こちらでは、マイナーだけでピッチャーが80〜90人、野手が80〜90人、全員で170〜180名ほどいるのですから（これでも昨年からマイナーが縮小されて、人数が少なくなっています）。球場以外でも、ウエイトルーム[※43]やロッカールーム、何から何までスケールが違います。

そして何といっても、驚いたのは選手の体格です。

特にピッチャーは大きい選手ばかりです。177センチの僕より背の低いピッチャーはほぼいません。ほとんどの選手とは見上げて話さなくてはいけないのです。

※43 ウエイトトレーニング用の機器が揃えられた部屋

何から何まで、スケールの大きさを感じました。同じ野球界でも別世界に来たようで、完全に圧倒された初日だったのでした。

僕が学んだこと

- ☑ 不安なとき周囲のフォローには本当に救われる
- ☑ 不安そうな人がいたら積極的にフォローしてあげよう
- ☑ 自分がその立場になって初めて気づくことがある
- ☑ アメリカは野球施設も選手も日本とはスケールが違う

みんなが何を言っているのか全然わからない……

アメリカのスプリングキャンプの朝は、とても早い。

練習開始は朝9時前後ですが（日によってメニューや時間は変わります）、コーチは選手よりも当然早くに球場に来て、当日の流れなどについてミーティングや準備をしなければいけません。全体のコーチミーティングは、朝7時30分頃から。投手コーチや打撃コーチはさらに密な打ち合わせが必要になるので、遅くとも朝6時30分にはミーティングを開始します。

僕は6時前くらいに球場に行きますが、到着したときにはもうほとんどのコーチが来ています。こちらではコーチも体を動かす習慣があるので（もちろんそうでない人もいます）、仕事の前にプライベートなトレーニングをしています。コーチたちは、ミーティング前に自分のトレーニングは終えているのです。

一番早い人で、4時過ぎには球場に来てトレーニング。ある日僕が5時過ぎに行ってみると、すでにウエイトトレーニングやランニング、そしてプールで泳いでいるコーチもいました！　アメリカのキャンプを経験したことがある人に「朝が早い」とは聞いていましたが、ここまでとは……。

ミーティングを終え、球場で用意してくれる美味しい朝食を摂り、少しゆっくりした後に練習開始です。練習自体はお昼頃には終わりますが、昼食後からは選手のためのミーティング。その後、投手コーチは1日の感想やこれからのことを話し合うミーティングと続きます。スプリングキャンプの初めは特にミーティングに多くの時間をかけている印象がありました。

まだ暗いうちに出勤

ここまでいくと、時刻はすでに16時～17時。それぞれ帰って夕食です。ただし、各コーチを束ねる「コーディネーター」という役割が何人かいて、彼らはここからもう一仕事。明日の練習の流れや細かなメニュー作成、そして選手それぞれの今後の登板スケジュールを決めたりすることも大きな役割です。終わる時間は毎日18時を軽く越えています。あまりの仕事量をこなすコーディネーターのすごさを目の当たりにした僕は、その1人にジョークも交えながら聞きました。

「いつ寝てるの？　もしかしたらその机の下で毎日寝てるの？」
「いつものことさ。これが仕事だからね」

それに加え、スプリングキャンプ中には休みがほとんどありません！　僕はコーチたちの仕事振りを、尊敬の念を込めて見ていました。

「僕も日本では仕事の多いほうやったと思うけど、上には上がいるんやなあ」

こうして球場で過ごした後に僕は宿舎に帰り、軽めの夕食。21時、遅くても22時頃にはベッドに入り、朝4時30分頃に起きる。スプリングキャンプではこんな毎日を過ごしていたのでした。早寝早起き。こんな規則正しい生活、何年もしてこなかったなあ……。

長い間日本のプロ野球界にいた僕には、練習の流れや量、環境、システム、分析の仕方など、日本との違いが新鮮で、驚くこともたくさんありました。初めのうちは見ているだけでも刺激があり、楽しかった。しかし、見てわかることはいいにしても、肝心な会話や説明がわかりません。なぜなら英語がまったくできなかったからです。

これでもアメリカには毎年のように旅行に来ていたし、英語圏でもあるプエルトリコで延べ8カ月ほど生活したこともあります。同じ野球界だし、こっちに来たら何とかなるだろうと、甘い気持ちがありました。

しかし、僕のまったく根拠のない自信は3日で完全に崩れ落ちました。

「こっちに来るならもっともっと英語ができないといけなかった……」

「全然わからへん。でももう来てしまっとる……後戻りはできん……」

合流して早々に、自分の甘さを本当に痛感したのでした……。

選手であれば、仮にまったく英語が話せなかったとしても、プレーで自分を表現できる。けれど、コーチは「見て、聞いて、感じて、伝えること」が仕事です。英語がまったくわからないので、ミーティングの内容についても、何を課題として取り組んでいるのかわからない。また、選手のことを見て気づいたことがあったとしても、伝えるべきタイミングで伝えることができないと、コーチとして自分を表現できるものは何もありません。

言葉が通じなかったら、仕事がまったくできないのと同じです。ボディランゲージでも多少は通じますが、肝心な部分の理解までは到底辿り着きません。

それでも、いまはスマホですぐに英語を調べられます。当然、必死で調べました。しかし盲点が。野球の現場でネイティブが使う英語は、調べても日本語では理解ができない言葉が多く、調べることもままならないのです。翻訳機の直訳の言葉と野球で実際に使われている言葉では、意味がまったく異なります。

「本当に、どうしたらいいんやろ……」

英語を調べることもできないという難題に直面して、八方塞がりのような感覚に。僕の気持ちはどん底に落ちてしまいました。そして自分の中で葛藤が始まります。

「最初はわからなくても慣れてくるやろうし、勉強しながら過ごしていけば、英語はそれなりに上達していくやろう。でもそのレベルですら何カ月かかるっていうんか？」

「それまで肝心な部分の意味もわからず、このまま過ごしていくんか？」

「違うやろ！　俺はここに英語を習いに来たわけと違う。野球を習いに来たはずや！」

会話の言語がまったく通じないという現実を前に、本当の意味での「武者修行」が始まりました。そして僕はいまの自分の甘さや後悔に苛まれる日々から何とかして脱却するため、なりふり構わず関係者に相談しました（後にこの「なりふり構わず」という気持ちが、こういう状況において最も大切なことなのだと気づかされます）。

「とにかく通訳してくれる人を探さないと。せっかくここまで来た意味がない」

そうすると、一筋の光が見つかりました。レンジャーズに所属している通訳の「ヒロ君」が手伝いに来てくれることになったのです！

彼は本来、現在レンジャーズに所属している有原航平《ありはらこうへい》投手※44のための通訳です。今年はメジャーリーグでロックアウト※45が起きており、ロックアウトが終わるまでメジャーキャンプも行えません。有原投手もキャンプインできない状況だったことから、彼が時間の許す限り僕の通訳として手伝ってくれることになったのです。

ヒロ君が僕のためにチームに合流して4日目。これまで挨拶や当たり障りのない話しかできなかったのが、彼のおかげでいろいろと踏み込んだ内容をみんなと話せるようになりました。

※44 日本ハムからレンジャーズに移籍。2023年は福岡ソフトバンクに所属している
※45 労使交渉のため、球団側が選手に対して球団施設への立ち入りを禁止し、年俸の支払いをストップすること

「日本の野球はどんな感じなの？」
「こういうときは日本ならどうしていた？」
「練習量や遠投[※46]についてどう思う？」
「いまの科学的なアプローチはどう思う？」

中でも、なぜか嬉しい感覚になった会話があります。

「こっちでもベテラン選手が若い選手に対して、いまの若いやつらは……って、よく愚痴ってるよ」

いまと昔のギャップについて愚痴るのは、アメリカでも一緒なのだなあと、笑ってしまいました。

こんな風に、これまでとは違いたくさんの会話ができてすごく楽しかったし、何より密な話ができて本当に嬉しかった。

※46 日本はアメリカと比べて一般的に練習量が多い。また、距離の遠く離れたキャッチボールを遠投と言い、いまアメリカではあまり行われていない

「これや!、これが俺が望んでたもんや! こうやって意見交換して、知らなかったこと、違った見方や感覚、違った角度からの教えを学びに来たんや!」

野球に対する意見の交換ができなければ、ここまで来た意味がありません。僕から話すだけでなく、たくさんの質問を受けました。思い返してみると、僕が英語を話せないことを周りもわかっているので、相手も聞きたいことや話したいことがあっても口にできなかったのだと思いました。会話ができる、言葉が通じるって本当に素晴らしいことです。「救世主」ヒロ君には本当に感謝しかありません。こうして僕の武者修行は、一気に充実の時間へと変化したのでした。

ヒロ君が来てくれてからは、ミーティングの内容などがちゃんとわかるようになり、コーチ研修していることを心底実感できるようになりました。

こちらで感じたことは、まず施設のスケールの違い、マイナーリーグの育成システム、データ分析量、そして選手のポテンシャルの高さでした。マイナーの選手でも、日本人より恵まれた体型や身体能力の選手が多く、右投げのピッチャーであれば最低でも１５０キロ前後は投げますし、全体的に見て球に力があります。

「日本の２軍選手がこの中に入ったら、かなり見劣りしてしまうやろうなあ……」

ただ、もちろん日本の選手がすべてにおいて劣っているわけではありません！　その辺りについてはまた後に触れていきます。

育成システムにおいては、これまで僕が経験してきた以上に、選手各々の細かなデータが大量にあります。投球フォーム分析、投球結果分析など、これまでコーチの「主観」に頼っていた部分が科学的に証明され、数値化、可視化できます。それを生かすために、コーチはたくさんの仕事を抱えてもいます。

特に驚いたのは、投げている球種それぞれの「質」を数値化していることです。

「今日は調子良いね、調子悪いね」

「あの球はキレがあるね」

「あの球はすごい変化したね」
「あの球はそれほど良くないね」

こうした主観的な評価が、明確に数値化された基準で説明できるので、当然説得力が上がります。メジャーのピッチャーと比較して、1球1球の球質がメジャークラスに対して、どのくらいのレベルにあるのかも数値化して評価しています。

キャンプの中盤くらいまでは、選手に対してのミーティングがほぼ毎日行われます。
チームとしてどう考えていくべきか。
チームの一員としてどう振る舞うべきか。
野球選手としてどう過ごしていくべきか。
ピッチャーとしてどうあるべきか。
データの見方や評価基準の説明。
栄養学、トレーニング学、メンタル。
などなどが、みっちりと。それほど長い時間はかけませんが、いろいろな分野でのミーティングが開かれます。「やっぱり育成とは教育なんだなあ」と改めて感じました。

また、コーチとスタッフでの、選手1人1人に対するミーティングもかなり濃い内容で行われます。コーチの主観、アナリスト、[※47] ストレングス&コンディショニングトレーナー、[※48] アスレティックトレーナー[※49]からの分析を元に、あらゆる面から意見を述べていき、コーディネーターが意見をまとめる。このミーティングに参加した僕はホークスではコーディネーターのような役職だったこともあり、いままで我流でやってきたことへの整理がついたような気がして感動さえ覚えました。

「求めていたものがここにあった！　俺はこういう風にやりたかったんやな」

何より勉強になったのは、それぞれがリスペクトし合って議論しているということ。日本では、監督、コーチの意見が絶対のような雰囲気がありますが、こちらではコーチ、スタッフがみんな横一線で意見を交わします。もちろんみんなが同じ考えではな

※47 データの収集と解析に取り組み、分析を行う役割
※48 ケガの予防と身体能力の向上を目的に、筋力を中心とした肉体づくりをサポートする役割
※49 ケガの対応、予防、体のケア、健康管理など、選手が安全にプレーするためにサポートする役割

いので、最後に判断、決定する役割は必要ですが、そこまでのプロセスをみんなで作り上げていく。こうしたシステム、姿勢は本当に素晴らしいことだと感じました。

「ここに来て本当に良かった！」

いままで自分がやってきたことと照らし合わせながら、そう実感したのでした。

そうして過ごしている間に、チームのみんなの顔も見慣れてきて、挨拶程度ですが少しずつ会話も増えてきました。しかし通訳のヒロ君はずっと僕と一緒にいるわけではないので、練習中のほとんどは自分1人で何とかしなくてはいけません。挨拶はできても、グランドの仕事での肝心な部分ではほとんど理解できず……。

そんな中、あるとき突然1つの役割を任されました。といっても試合形式のバッティングで投げるピッチャーの練習で、ピッチャーの後ろにいて球数をカウントし、ボールを渡し、内容を見守るだけのものです。

日本だったら何てことのない役割ですが、英語で指示されたことの中で何か大事な内容を聞き取れていない可能性もあります。カタコトの英語で、何回も確認しました。初めての役割でちょっと緊張しましたが、スムーズにその役割を果たせました。

練習後の投手コーチミーティングでは、僕に今日の感想についていきなり質問がありました。一瞬不意を突かれましたが、答えないわけにはいきません。これまでの僕なら英語を話せないことを理由に発言は遠慮していたけれど、このときばかりは逃げ場もなく、咄嗟《とっさ》にカタコトの英語で一生懸命話してみました。

「I think ……his fastball ……very good !!」（彼のストレートはとても良かったと思う！）

「speed……97mile……96……」（スピード、96～97マイル）

「25pitches……20strike……」（25球投げて20球がストライク）

主語も述語もなく、ただ単語を並べただけのめちゃくちゃな英文でしたが、ちゃんと通じました。また僕が挨拶以外の英語を初めて話したのを聞いて、みんなも喜んでくれたようです。咄嗟に振り絞った英語でしたが、何とか仕事の内容で話が通じたことは、すごく些細なことでも僕にとってはかなり嬉しい瞬間でした。

よく考えたら、日本でも同じです。外国人がカタコトで日本語を1個1個話す。間違っていたり、何を言っているかわからなかったりしても、聞いていて嫌なことはなく、こちらも理解しようとする。そして内容がわかる。

僕はうまく話さないといけない、通じるように話さないといけないというプレッシャーを、自分で勝手に作り上げていただけだということに気づきました。

僕が学んだこと

- ☑ なりふり構わず行動を起こすことが大切
- ☑ 相手に「伝えること」ができなければコーチは務まらない
- ☑ チームには上も下もなくお互いに対するリスペクトが欠かせない
- ☑ うまく話すことが大切なのではなく、勇気を出して話すことが大切
- ☑ 説得力を上げるために根拠のある数値を使う

「自分より年下のコーチばっかりやん……」

アーリーキャンプを終え、いよいよ本格的にマイナーキャンプが始まりました。今季契約しているマイナーの全選手、スタッフが集まります。

初めにフロント、コーチのトップの方々からの訓示やこれからに向けた意思統一など、それぞれの分野からの話がありました。

1人のプロ野球選手としてどうあるべきか。

スタッフへの感謝。

ファンへの感謝。

私生活でもレンジャーズの一員として自覚ある行動。

身の回りの整理整頓。

寮生活の注意。

などなど。こちらでも日本と同じような教育をしているのだと知り、「やっぱり大事なことはどこでも同じなんだ」と少し安心したような気持ちにもなりました。改めて、野球がうまければいい！　というような意識では駄目だということを実感し、これからもこういう意識を選手に説いていきたいと、気が引き締まりました。

話している方々の姿は本当に堂々としていて、時折手を動かしたり、少し歩いたりしながら話します。以前テレビで見たことのある、スティーブ・ジョブズさんのプレゼンが頭に浮かんできました。日本ではその場であまり動かずに立ったまま話していくスタイルが多いので、その違いに僕は感銘を受けました。

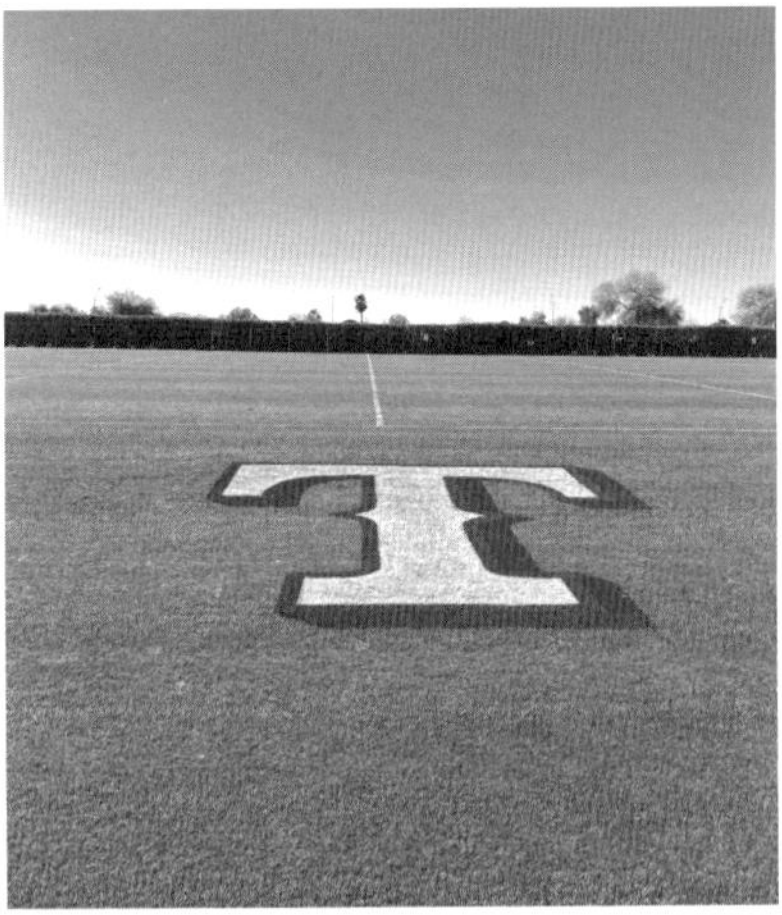

本格的なキャンプのスタート

「俺もいずれはこういう風に話せるようになりたいなあ……」

「さあこれからやるぞ！」と士気が上がるような、そしてエネルギーがみんなに伝わるような話し方で、本当に素晴らしかったです。

その後、集合場所となった球場のスタンドに集まった200人くらいの選手の前でコーチ、スタッフがそれぞれ簡単な自己紹介をします。

「うわっ！　こんなんあるとは知らんかった」

「こんな大勢の前で、しかも英語で話すなんて……」

自分の役職と名前を言うだけの簡単な自己紹介でも、英語の話せない僕にとっては少しハードルを感じてしまいます。

みんなが順番に自己紹介していく中で、ちょっとドキドキしながら、いよいよ自分の番が来ました。一歩前に出て、右手を挙げて言葉にします。

「Shinji Kurano !」

「I'm pitching coach !」

「よしっ！　スムーズに言えた！」

日本語だったら何てことのない言葉でも、めちゃくちゃ緊張しました。自分の口から言えたこと、みんなに存在を知ってもらえたことが素直に嬉しかったです。

練習後には、コーチとスタッフだけが集まり、もう少し詳しくお互いを知るための懇親会みたいなものが催されました。そこで印象的だったのが、日本との感覚の違いです。アメリカでは自己紹介をするとき、自分の名前を言った後に、必ずと言っていいほど出身地と家族構成を紹介していきます。日本でももちろんそうですが、やっぱり家族第一ということで、こういう部分でもアメリカを感じさせてくれます。

また、たまたま僕はこの前日にコーチ陣全員のプロフィールを調べていました。そして年齢やこれまでの実績などを見て驚きました。

「えっ! このコーチ僕よりずっと年下やん」

「えっ……この人も……この人も!」

結局、コーチ、スタッフのほとんどが僕よりも年下だったということが判明しました。どう見ても僕よりも貫禄があったので、本当にビックリです。

そんな彼らが堂々と自己紹介をします。日本の感覚とは違い、アメリカでは年齢や実績など関係なく接します。もちろんリスペクトはありますが、何か少しでも年齢や実績を気にしていた自分がちっぽけに思えましたね。

そうしている間に、僕の順番が。このときは通訳のヒロ君もいてくれたので、しっかりと自分のことを話せました。

「日本から来ました。クラノシンジです。」

「僕は日本人で若く見えるでしょうが、妻と20歳の娘がいます。」

「昨日調べてみて、ここにいるみんなのほとんどが自分よりも年下と知ってビックリしていたところでした」

文字で書くと少し伝わりにくいとは思いますが、意外にウケてくれたので良かったです。こうして少し自分のことを知ってもらえ、みんなとの距離も縮まったような気がした僕だったのでした。

僕が学んだこと

- ☑ 野球がうまければそれだけで良いという考え方はない
- ☑ 日本もアメリカも教育の重要な部分は同じ
- ☑ 「話し方」が相手に与える印象を大きく変える
- ☑ アメリカの人たちはお互いが年齢をほとんど知らない
- ☑ アメリカの自己紹介では初めに出身地、家族構成を話すことが多い

命運を分けたプレゼン

チームに合流して2週間程経ったある日、コーディネーターから軽い感じでこう頼まれました。

「今度みんなの前で話してね」

「題材はなんでもいいからね」

コーチミーティングで、日本とアメリカの違いなどを話してほしいとのこと。プレゼンテーションの時間を僕のために設定してくれました。

「ん……？　待てよ？　軽い感じやったけど、これは自分にとってとてつもなく重要なんじゃ……」

これまで、僕は見て学ぶことがメインでした。周囲の人たちも、いままでにもよくいたアジアから研修にきたコーチの1人という認識だったのだと思います。ましてや言葉の通じない僕に彼らが何か聞きに来ることもほとんどありませんでした（後日、日本人であることもわかっていなかったことが判明しました）。僕が思ったことや気づいたことがあっても英語を話せないので、コーチや選手と野球のことで深い話になることはほとんどなかったわけです。

「これは自分のことをアピールできる絶好の機会や！　自分のキャリアや考え方を知ってもらえたら、興味を持ってもらえるはず。これがうまくいくかどうかで、今後の人生が変わると言っても過言ではないやろ！」

いまの自分の状況を変える絶好のチャンスです。

僕はこれまでに、日本でオフシーズンに延べ50回以上の講演経験があり、人前で話すことには慣れています。しかし英語で話すのは無理なので、当日、通訳のヒロ君に僕のために時間を作ってもらい頑張ってもらうしかありません。

ただ、以前イタリアのローマでも通訳をつけての講演を行なったことがあったので、通訳つきの講演がいかに難しいのかもわかっていました。

何が難しいのか。それは通訳によっては言葉のニュアンスや意味が変わってしまうことです。違う言語になると思いがそのまま伝わるわけではないし、日本語を直訳できるような表現、言葉自体がないことも多いのです。

日本にいたときも外国人選手と話すときには通訳を通していましたが、通訳の人によっても表現が違い、伝わり方も変わります。特に野球で使う言葉は直訳ではまったく意味が通じないことが多く、また感覚的な表現も多いため、微妙なニュアンスも含めかなりの英語力が必要です。

その点、ヒロ君に僕は絶大な信頼を置いています。彼の両親は日本人ですが、生まれて間もない頃からアメリカに住んでいるので完全なネイティブ英語です。しかも、彼自身が高校まで野球に打ち込んでいました。野球用語の難しく細かいニュアンスも理解でき、ほとんど完璧に伝えてくれるので、安心して任せられます。僕が今回のプレゼンに賭ける思いも話し、彼も気合いを入れて準備してくれました。

プレゼンの内容は、これまで僕がここで見てきて感じた、アメリカと日本の野球の違いや、日本の優れているであろう部分などです。ありきたりの話ではなく、新鮮で興味を持ってもらえるような内容にしないといけません。日本で講演するときと同じようにしっかりと考え、伝えたいことをなるべく簡潔に伝えられるように、時間をかけてしっかりと準備しました。

また、時間にも限りがあるので、時間配分も考えなければいけません。僕がキリのいいところまで話し、その後通訳してもらう。その繰り返しなので、当たり前ですが自分1人で話す場合に比べて倍の時間がかかります。それも考慮しながら、いかに中身を濃くできるか。短い時間で自分の伝えたいことをどれだけうまく伝えられるか。これが一番の課題にもなるのです。

そして、いよいよ命運を分けると言っても過言ではないプレゼン当日。

しっかりとまとめた内容を事前にヒロ君にも見てもらい、お互いが準備万端で挑みました。場所は広いコーチ室。フロントのお偉いさん方や投手コーチ全員はもちろん、興味のある野手コーチもたくさん聞きに来てくれました。

まず僕は、どういうキャリアを持って、ここに何の目的で来たのかを知ってもらうため、これまでの実績やここに来た思いなどを話しました。

僕のことを詳しく知っているのは、フロントの方々とコーディネーターくらいで、ほとんどのコーチは知りません。そうした相手に、自分の実績を伝えることは、意外に重要です。

アメリカのコーチには選手としてメジャーを経験している人ももちろんいますが、マイナー経験中心の人が多く、プロ野球経験のないアマチュア出身の人も大勢います。それに、これまでもたくさんの研修コーチが来ています。日本から来た僕は、「アメリカにちょっと勉強しに来ただけでしょ?」みたいな軽いノリに見られ、特別気にもしてもらってないように勝手に感じていました。だから僕のキャリアや思いを最初に話すことは、この後の内容の説得力を上げるためにもかなり重要だと思ったのです。

「日本から来たクラノシンジです」

「私は日本のプロ野球で11年間ピッチャーとしてプレーし、その後コーチを13年間務めさせてもらいました。そして……」

いつもより声を張って話し始めました。するとみんなの表情が一変したのです。よく考えてみたらこれまで僕は挨拶程度しか言葉を発していなかったので、みんなまともに僕の声を聞いたことが少なかったはずです。そんな僕がペラペラと声を発していくことに少々驚いていた気がしましたね。

本題に入るとすぐに、みんなが聞く姿勢になってくれました。

「日本とアメリカの練習の仕方、考え方の違い」

「僕の理論による投球フォームのタイプ別分類」

準備を重ねて
挑んだプレゼン

「タイプ別パフォーマンスアップのためのチェックポイント」

「育成のための重要事項」


一気に40分話すつもりが、途中次々とみんなが手を挙げて質問をしてくれました。


「日本の練習量はどのくらいするの？」

「日本のピッチャーの投げ込み[※50]はどのくらいするの？」

「何故投げ込みをするの？」

「遠投はなぜ行うの？」

「それをして怪我はしないの？」


アメリカとは違う取り組みに、みんなすごく興味があるようでした。

特に投げ込みに関しては日本でも問題となっています。ただ、それはまだ大人の身体になっていない子どもたちの間の話であって、日本のプロ野球選手のほとんどがキャンプには投げ込みを行う時期を設けていると言えます。アメリカの人たちから見る

※50 1度の練習で多くの球数を投げる練習方法

と信じられない球数を、日本のピッチャーたちは投げているのです。
僕はこうして次から次へと手を挙げ質問してくれるのは、日本の野球レベルをリスペクトしてくれている証だと嬉しくなりました。日本人選手がメジャーで活躍していなかったら、誰も興味を持っていなかったでしょう。これまで日本人選手が成し得てきたことは素晴らしく、僕の立場からも本当に感謝すべきことだと実感しました。

そうして話していくうちに、僕もどんどんノッてきました。ヒロ君も一生懸命伝えてくれ、終わってみれば予定を大幅に超えて、80分ほども話していました（状況や反応を考慮した上で時間を増やしています）。

そして締めの挨拶。

「僕はすべての環境をリセットしてまで、ここに来ました。いろいろなことを学びたい。そして少しでも、どんなことでも力になりたいと思っています。キャッチボールの相手、バッティングピッチャー※51、球拾い、何でもやります。お望みならマッサージもやりますよ（笑）」

※51 打撃練習のために投球するピッチャー

終わった瞬間、拍手喝采でした！　そしてみんな次々と僕のそばに来て、握手やハグをしながら、たくさんの感謝を伝えてくれました。本当にこの瞬間は涙が出るほど嬉しかったです。

「これは手応えあったよね？」
「良かったよね？」

ヒロ君ともその余韻に浸りながら何度もお互いを褒め称えました。
こうして僕は、ヒロ君のおかげもありこれまでの日々が嘘のように、手応え充分の時間を過ごせました。

「光が見えた！　確実に今後の分岐点と言えるプレゼンができた！」
「よーし、宿舎に帰って祝杯や！」

1人だったけれど気分良くお酒を飲むことができ、久々にスッキリとした気持ちで寝つけた、最高の1日となったのでした。

僕が学んだこと

- ☑ 効果的なプレゼンのためにはしっかりとした準備が欠かせない
- ☑ 説得力を持つには自分を知ってもらうことから始まり、実績を伝えることも必要
- ☑ 日本人選手の活躍のおかげでアメリカの人たちも日本の野球をリスペクトしている

僕を支えたたくさんの出会い

アリゾナでは、これまでにご縁のあった方々たちとの再会、また、異国の地で頼れる日本人との出会いもありました。ここでは、そんな方々を紹介させてもらいます。

レンジャーズには、僕と一緒にホークスに所属して日本一に大きく貢献、惜しまれながら1年でメジャーリーグに戻ったマット・ムーア投手[※52]がいました。

ムーアとは、スプリングキャンプで再会。

「久しぶり！　元気だった？　ちょっと痩せたんじゃない？」

「日本では、食事が美味し過ぎて少し太っていたからね（笑）。ホークスは昨年、残念だったね」

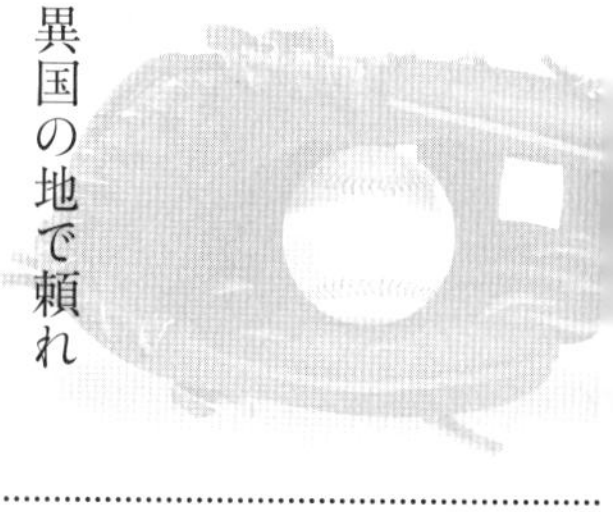

※52 2020年のシーズンに福岡ソフトバンクに所属。6勝を挙げ、日本一にも大きく貢献する活躍を見せる

いまでもホークスのことを気にしている様子で、一緒に過ごせた日々を思い出しました。「まさかアメリカで同じユニホームを着て再会できるなんて」と、信じられない気持ちでした。

ムーアはバリバリのメジャーリーガーなので、マイナー選手からはとてつもなくリスペクトされています。ある日の練習終わりには、マイナー選手のみんなの前で経験談を特別に話す機会もあったくらいです。彼と日本で同じチームだったことは、僕にとってても少し鼻高々な気持ちでした。

また、レンジャーズのリハビリ担当コーチとして、昔巨人で活躍したキース・カムストックさん[※53]がいます。僕は子どもの頃、大の巨人ファン。テレビの中の憧れのピッチャーとレンジャーズで会えたときは感激しました。

「ゲンキデスカ？　チョウシドウデスカ？　オツカレサマデシタ！」

流暢な日本語で話しかけてくれました。カムストックさんは日本の練習スタイルに

※53 1985・86年に巨人に所属。1年目に8勝を挙げるなどの活躍を見せる

ビックリした思い出や、当時は信じられなかった出来事について、いろいろと話してくれて楽しかったです。「日本での経験はすごく自分のためになった」と感謝もしてくれていたのが、本当に嬉しかったですね。

そして、先にも少し触れましたが。レンジャーズには有原航平投手がいます。

日本では有原投手と話したことはなかったのですが、対戦相手としてベンチの中から見てきました。何度もホークスが苦しめられてきた、素晴らしいピッチャーです。冷静に考えると、その相手とこうしてアメリカで同じユニホームを着ていることはすごいことだなと感じます。彼には何とかメ

有原航平投手と再会

ジャーに再昇格できるよう頑張ってもらいたいし、僕も少しでも力になりたいと思っています。

アリゾナでは、ホークスの伝説的なピッチャーで、日本プロ野球史上最高のクローザー[※54]とも言えるデニス・サファテさん[※55]にも会えました。サファテとは長い付き合いで、思い出もたくさんあります。ホークスを強くしてくれた立役者で、僕も彼をすごくリスペクトしています。彼のほうから、「クラノさんがアリゾナに来ているのだったら会いに行くよ！」と言ってくれたのは嬉しかったですね。その後、一緒に食事に行くことができました。

その場には、僕の現役時代にアリゾナのジムで出会い、いまでもずっとアリゾナで働くトレーナーであり友人でもある菅野《かんの》さんも来てくれました。菅野さんも僕のアリゾナ生活を支えてくれた1人で、何でも相談に乗ってくれたり、同じ野球のことを語り合えるすごく頼りになる大切な友人です。

その3人での食事は、本当に楽しく最高の一時でした。サファテも日本語がすごく上手で、昔話やこれからのことをたくさん話すことができて本当に嬉しかったし、

※54 最終回、リードしている場面で登板する投手。「ストッパー」や「抑え」などとも呼ばれる
※55 日本では広島、西武、福岡ソフトバンクに所属。シーズン最多セーブ記録保持者

久々に興奮した1日になりました。

キャンプ中のある日には、ロサンゼルス・ドジャース[※56]のマイナーチームと試合しました。そこでは、ちょうどこの時期にドジャースに研修に来ていた千葉ロッテマリーンズのピッチングコーディネーターである吉井理人《よしいまさと》さん[※57]と再会できました！

吉井さんとは1年でしたが、ホークスで一緒に投手コーチを務めた仲です。

「こんなところで、お互い違うユニホームを着て出会う。しかもそれがメジャーリーグなんて夢のよう……！」

実はちょうどその頃、日本を思い出して一番淋しかった時期でした。吉井さんと会っていろいろと話せたことに感激しましたし、すごくホッとした感情が湧き出てきましたね。

またここアメリカで知り合い、意気投合して何度も会って連絡を取り合う仲となっ

※56 ロサンゼルスに本拠地を持つ、メジャーリーグ球団。ナショナルリーグ西地区に所属
※57 近鉄やヤクルトに所属し、後にメジャーリーグでも活躍。2023年はロッテの監督を務める

た福田太郎《ふくだたろう》君。福田君は北海道テレビ放送の有名なアナウンサーですが、彼も僕と同じタイミングでアメリカの野球を学びに来ています。

自ら休職して、自費でのチャレンジ。僕と似た境遇で共感することも多く、僕はもはや「同志」と思っています。お互いに成長した姿で日本で再会できたら最高ですね！

そして、レンジャーズでは、僕の今回の武者修行に欠かせない2人の日本人トレーナーがいます。リハビリ担当トレーナーのカイさんと、2Aトレーナーのイチさんです。

これまでにも紹介した大活躍の通訳ヒロ君と、彼らトレーナー2人には助けられっぱなしです。英語がまったくと言っていいほどわからない僕にとって、彼らがいなかったらこの旅もどうなっていたかわかりません。

キャンプ中、僕は体調を崩して丸々2日間寝込んだことがあります（新型コロナではありませんでした）。結構苦しく、これほどまでに体調を崩したことはここ何年もなかったので、異国の地で1人で暮らしている僕は不安でたまりませんでした。

そのときも彼らがいろいろと助けてくれました。こういう状況で日本語が話せる人が近くにいるありがたさ、そして安心感を身に沁みて感じました。ほかにもいろいろと助けてくれた彼らには、感謝してもしきれません。

そして最後に、レンジャーズで心のケアを担当するメンタルコーチ（パフォーマンスを上げることに特化するメンタルコーチとは別の役割）のロイさん。

ロイさんは僕がキャンプに来てすぐの頃から、たびたび話しかけてくれました。

「俺は日本の心を持っているぜ！」と、いつも胸の前に両手でハートマークを作ってくれます。僕に淋しい思いをさせないようにという気遣いは本当に嬉しかったです。

僕が学んだこと

- ☑ 過去に出会った人たちとの縁が自分を助けてくれる
- ☑ 新しい出会い、そして周囲にいる仲間が自分を前向きにしてくれる
- ☑ 困ったときに言葉が通じる仲間の存在は本当に心強い

「明日の練習に行きたくない……」

通訳のいないアメリカ武者修行。渡米前に、少しでも助けてもらえるように、というよりめちゃくちゃ頼りにして、ネットで最も評価の高かった最新の翻訳機を購入しました。英語が話せない僕には、スマートフォンとともに2大必須アイテムです。

しかし、こちらに来てすぐにその頼みの綱とも言える翻訳機が頼りにならないことがわかりました……。

日常会話では大活躍しますが、野球の現場では専門用語やネイティブな表現が多く、その英語を直訳するだけではほとんど意味がわからないことが多いです。

そして翻訳機は本体をかなり近づけないと、声をうまく拾ってくれません。プライベートや2人だけでの会話であれば、相手の口元に近づけることが可能な場面もあります。しかし練習中のミーティングやコーチ同士、コーチと選手で話しているときに内容を知りたくても、話している人の口元に唐突に翻訳機を近づけるなんてできるわ

けがありませんでした。現場ではほとんど使えなかったのです……。

それでも、少しでも意味がわかればと、使えそうな雰囲気の場面ではできるだけ頑張って使っていました。2人での会話のときにいちいちポケットから取り出して、お互いの口元に持っていく。しかし、大事な話のときには不自然ではありませんが、練習中の何気ないやり取りのときにはサラッと話したいので、なかなか使えません。そうすると、言葉の通じない僕に対して、やはり相手からは気軽に話しかけてこなくなります。まあ、それくらい英語ができなかった自分が悪いのですが……。

あるときのミーティングで、発言者から少し距離はありましたが、翻訳機が辛うじて拾った言葉を、その場でまったく関係もなく意味もわからない「彼があるとき妊娠した」という言葉に訳した瞬間、笑ってしまったのと同時に「これはアカンわ。使いもんにならん……」と諦めました。

そうすると自力で何とかするしかないのですが、すぐに英語が覚えられるわけではない……。ここではほとんど使いものにならない翻訳機を使いながら、少しだけの会話を成立させていく。そんな練習生活を送っていました。日が経つにつれ、だんだんとそれも限界を感じるようになっていき、僕は辛い日々に陥ってしまったのでした。

あの大成功とも言えるプレゼンを終え、次の日からコーチ陣の僕に対する見る目は明らかに変わりました。若い投手コーチから質問を受けることも増えてきて、「やっとコーチとしての充実感が得られるようになって嬉しい！」と思えるようになったのですが、それも束の間、やはり言葉の壁が僕を思うような道には進ませてくれません。

頼みの綱だった翻訳機はあまり使えない。そして頼りになる通訳ヒロ君は、メジャーのキャンプが始まったので、本来の役割である有原投手の通訳をしなくてはいけません。練習中に僕のそばにいることはできないのです。

そうこうするうちに、練習試合が近づきコーチ陣たちは忙しくなり、次第にほかのコーチと会話することも少なくなってしまいました。もちろんロッカーなどでの日常会話はあるのでずっと淋しいというわけではありません。しかし、海外で日中のほとんどを誰とも話さず、グランドで見ているだけの日々を想像してみてください……。

最初の頃は、新しいことばかりで新鮮に感じ、退屈はしませんでした。しかし3週間も経つと環境に慣れてきて、見ているだけでは物足りなくなってきます。僕は正式なコーチでなく研修扱いで、与えられる仕事はなく、ほとんどずっと見ているだけの状況が続くのです。

ほとんど誰とも話せない、話さない状況が1週間程続くと、いろいろなことが頭を駆け巡るようになりました。

「自分はここまで来て何をしとるんや……」

「いろいろと知ることはできたけど、これから先は何が得られるんやろう」

「収入がなくなる道を選んでまで、ここに来た価値はあるんか?」

「何もできずに過ごしとるけど、いまの無給の俺は、日本で給料をもらっとる状況を想定したら実質1日いくら損をしてここにいるんやろう」

「家族に迷惑かけてまでここに来て、この日々は意味があるんか?」

「この状況があと7カ月程も続くことに耐えられるんか?」

自分の理想と現実がかけ離れているのを痛感し、自問自答、後悔、情けなさ、たくさんのマイナス思考に支配されました。

そうやって考えてばかりいると、体力的には疲れていないのに精神的にすごく疲れてきます。宿舎に帰って「英語を少しでも勉強しなければ!」と思っても、球場でのストレスから解放された状況では何もやる気が起きませんでした。妥協の連続で何も勉強もできず、これがまた自分のマイナス思考に拍車をかけ、どんどん自己嫌悪に陥ってしまいました。

一番辛かったとき、宿舎の中でふと、こんな言葉が頭をよぎりました。

「明日の練習に行きたくない……」

この瞬間、本当に涙が出そうになりました。自分の覚悟はその程度だったのか。これだけ多くのものを犠牲にして自分の夢を追いかけてきた中で、「行きたくない」なんて思うようになることを想像できなかったのです。もう情けなくてしょうがない。いままでギリギリの線で持ちこたえていたつもりだったけれど、どん底まで落ちました……。

けれど、そこまで落ち込んでしまったのと同時に、何かが吹っ切れました。

僕はホークスでは投手コーチを統括する立場でした。それがアメリカでは研修生扱いです。いわゆるトップの立場から見習いの立場になることなんて、職業を変えない限りはまずあり得ないということに気づいたのです。

「これは逆にすごいことやないんか？　将来の自分にとって本当に貴重な経験でもあるはず！　これを乗り越えたらすごいことや。これは絶対に大きな財産になるぞ！」

そう考えたときに、こんな経験ができているのは「日本人の中でも僕だけ」なのだと、特別感が湧いてきて、これが本当に大

ずっと見ているだけの日々…

きな勇気となりました。

「楽しいこと、辛いこと、いろいろな感情も含めてすべてが今後に繋がる経験ということ」

「よーし！　まずは気づいたことを何でもやっていこう。すべてやろうと思わず、1つひとつ、少しでもいいから努力することから始めよう！」

「球場では雑用でも何でも、手伝えることはいままで以上に率先してやっていこう！」

「とにかく少しでもいいから。一歩だけでもいいから踏み出すんや！」

そんなエネルギーが湧いてきたのです。

僕はこれまで、講演などを通してたくさんの方々に何度も話をしてきました。ときには子どもから大人まで、気持ちが奮い立つような話もしてきたつもりです。

「自分が人前で話してきた言葉をそのまま自分に向けよう」

「もう一度自分で身をもって実践していくときがいまなんや！」

そう思えるようになると、落ち込んでいる自分、情けない自分に腹が立ってきました。そしていまの弱い自分も素直に受け入れることができて、自分を奮い立たせる感情が湧いてきたのです。振り返ると、この旅でこの時期が僕にとって一番辛くもあり、一番大切な日々だったのかもしれません。

さて、やると決めたら行動！　です。まず、英語を喋らなくてもできることをやっていこうと考えました。そして、僕が自分のために日々書いていたプライベートの日記を取り出し、表紙に戻りそこに目立つようにこう書きました。

①挨拶を必ずすること。それも笑顔で！
②ほかのコーチが来る前に練習の準備を終えておく
③誰よりもたくさん道具を運ぶ
④時間のある限り球拾いを手伝う
⑤キャッチボールの相手がいない選手を見つけて、自分から声をかけて相手になる

⑥1日1度、少しだけでもいいから誰かに話しかける
⑦人の輪の中になるべくいるようにする

そして次の日からすぐに行動に移しました。

するとある日の朝のコーチミーティングで、コーディネーターに突然「シンジ、昨日の働き良かったよ」と褒められました。自分のできる簡単なことをやっただけですが、褒められたことがすごく嬉しかった。嬉しいからもっと褒められたい、もっと貢献したいと思えました。

僕は去年まで、褒めてくれたコーディネーターと同じような立場にいました。「こんな風にちゃんと褒めることができていたかな」と振り返ってみると、全然できていなかったことにも気づきました。逆の立場になったときに、自分のやってきたことがすごく見えてきた。もしこの先またそういう立場になったら、この経験がすごく生きてくると思えました。

また、1日1回誰かに話しかけるようにしましたが、僕はもともと少し人見知りで、

誰とでもすぐに打ち解けたり、はしゃいだりということができないタイプです。「そういう性格の人はいいなあ。本当に羨ましい」と思うことが多くありました。

最近ではそういうことは少なくなっていたけれど、アメリカに来て言葉がうまく通じないこともあり、久しぶりに人見知りの自分が顔を出しました。英語が話せないから、話しかけられるのも嫌。だから、ちょっと距離を置いている自分がいました。

それをやめて、笑顔で挨拶する。一言でもいいから、会話が続かなくてもいいから、話しかける。やればできるのだと思います。カタコトの英語、ジェスチャー、翻訳機。自分が持っているものをすべて使って何とかすることはできます。テレビで見たタレントの出川哲朗さんの「出川イングリッシュ」みたいに、恥ずかしがらずに入り込んでいける人もいます。あれはコミュニケーションの理想でしょう。とても同じようにはできないけれど、なるべく人の輪の中にいるようにしました。

こうしたことを毎日実行していったら、次第に周りが僕のことを認識し始めます。すると向こうから距離を詰めてくれるようになりました。僕が下手くそな英語でも積極的に話すようになると、だんだん向こうもゆっくりと、わかるように喋ってくれるようになりました。そうして徐々にコミュニケーションが増えていったのです。

「あ、下手くそな英語でもちゃんと聞いてくれるんやあ……」

そう思えるようになってから、恥ずかしい気持ちはなくなりました。

僕が学んだこと

- ☑ 現実をどうポジティブに捉えられるかが大事。
逆境の先の成長をイメージする
- ☑ どん底まで行くことで這い上がるきっかけにもなる
- ☑ 楽しいこと、辛いことのすべてが自分の糧となり経験となる
- ☑ すべてやろうとせず、
できることから始めれば現実は少しずつ変わっていく
- ☑ うまく話すことが大事なのではなく、
勇気を持って一生懸命話すことが大事

武者修行の充実を確信した「希望の光」

コーチ陣には、自己紹介やプレゼンなどでかなり自分のことは知ってもらえました。しかし選手たちには、まず僕がどういう人間かを知ってもらわないといけません。選手たちに自己紹介などをする機会もなく、名前と研修で来た投手コーチという立場だけの認識しかありません。

自分が日本のプロ野球でプレーしていたこと、そしてその球団で長い間投手コーチをしていたことなど、もっと自分を知ってもらい、いろいろな話がしたい。

「俺のことをもっと知ってもらえたら、日本のプロ野球のことも、日本の技術についても興味がある選手は必ず聞いてくるはず」

そう思ったので、選手の誰とでもいいから話せるタイミングを見つけて、自分のこ

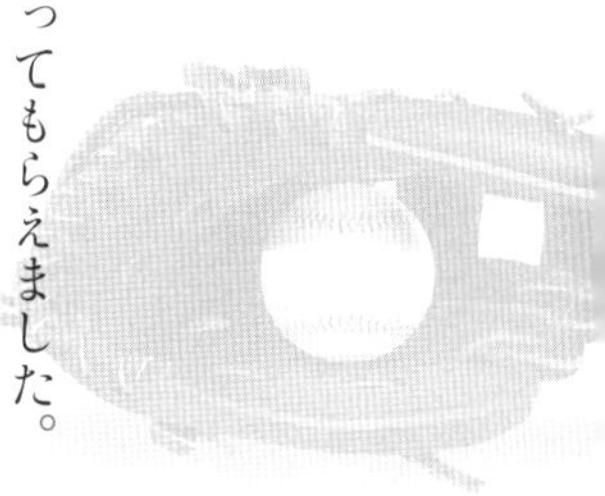

とを積極的に話していきました。少しずつでも話していけば、何かの機会に選手の中で僕のことが話題に出たときに、その選手がほかの選手に僕がどういった人物なのかを話していくはず。1日に1人でも、自分について選手に話すことを課題として取り組んでいきました。

そうして選手とも毎日顔を合わせていることで、僕のことを覚えてもらえるようになりました。それに環境にも慣れてきたこともあり、自分から積極的にコミュニケーションが取れるようになってきました。次第に、選手も自分たちから近寄ってきてくれることが多くなり、何気ない挨拶くらいですが、言葉を交わすことが増えました。

名前を覚えてもらってからは、「Shinji, How are you ?」と挨拶してくれるようになりました。こちらではほとんどの人が名前を言って挨拶してくれます。これはすごく気持ちの良いもので、日本でも大事だなあと思いました。そういえば、日本でもそうやって挨拶していたコーチがいたことも思い出しました！

そして、僕のコツコツと自分を知ってもらう作戦が功を奏したのか、挨拶だけに留まらず、「今日の投球どう見えた？　どう思った？」などと、技術面での会話も出てきたのです。本当に嬉しい瞬間だったし、僕の内心は、「これだよ！　これ！　これが本当にここまで来て自分のやりたかったことや！」と、改めて自分の気持ちに気がついたのでした。

つくづくこちらでは、自分から動かないとほとんど何も生まれない、得られない。本当にコミュニケーション能力は大事だなと改めて体感させてもらいました。

どんな職業でもそうですが、野球選手にとってコミュニケーション能力は絶対に欠かせません。例えばピッチャーとキャッチャーがお互いに言いたいことを言えなければ、絶対に良い成績が残らない。これは僕が選手のときも経験しました。お互いが言いたいこと、伝えたいことを伝えることで、より良くなろうとするわけです。

それに、普段周囲とコミュニケーションを取っていないと、肝心なときに助けてもらえません。人間はやっぱり1人では生きていけない生き物です。

コミュニケーションの取れないコーチは、アメリカでは雇ってもらえません。コーチミーティングでも、コミュニケーションについてよく言われました。

「選手とコミュニケーションを取ろう」
「選手の思っていることをちゃんと聞こう」
「こちらが伝えたいことをちゃんと伝えよう」

挨拶をしっかりする、いつも笑顔でいる、自分から人に話しかける、話しかけやすい雰囲気を演出する。こうしたことを怠ると、選手が何を考えているかがわからなくなります。もちろん選手もコーチの考えていることがわかりません。そうしているうちに、間違った方向に進んでいる可能性もあります。お互いの共通認識の上で「一緒により良いものを作っていこう！」というスタン

少しでもコミュニケーションを

スがなければ、絶対に良くなっていきません。

キャンプ中、毎朝の投手コーチミーティングでは、コーチそれぞれが前日の練習を受けてコメントしていきます。当然、僕にもその機会が与えられています。僕はその感想を前日の夜にヒロ君に訳してもらい、それを翌朝「一生懸命読む！」ということを毎日繰り返しました。英語のできない僕には読むだけでもハードルが高く感じましたが、翻訳機で発音や単語の意味を調べて毎日話していくことは、なんだか毎朝英会話教室に来ている感覚にもなりましたね。

いまの僕がいきなり自分の考えばかり伝えると誤解を与えかねないので、日が経つにつれて内容を濃くしていき、僕の理論や感覚なども少しずつ入れていくようにしました。

すると、「素晴らしいコメントだ！」という言葉がもらえることもありました。内容に対する評価もそうですが、発音が悪い英語でも通じたこと、理解してもらえたことが何より嬉しかったです。

また、練習でもキャッチボールの手伝いや練習道具の準備なども積極的に行い、ほかのコーチたちとも自分のできる限りのコミュニケーションを取りながら過ごしていくと、キャンプの終盤にはフロントの方から僕を評価した言葉もいただけるようになっていきました。

「あなたはほかの投手コーチからも良い評判だよ」

「You are good man !!」

これまで辛くてしんどいこともたくさんあったけど、現状から逃げ出さず投げ出さず、真摯に前向きに行動してきた。それが少しでも報われたようで、本当に良かったし、嬉しかったです。

そしてキャンプも無事終了を迎えました。

常に僕と一緒に行動し、カタコトの英語にとことん付き合い、いろいろ助けてくれたヘスス投手コーチ。もはや僕にとっては親友です。それに、僕が困ったときにたくさん手伝ってくれたココリス投手コーチ。この2人には本当に感謝です。
もちろんほかの投手コーチや投手コーディネーター、野手コーチ、スタッフもみんな本当に良い方たちばかりで、こんな僕を気持ち良く受け入れてくれました。本当に感謝の気持ちでいっぱいです。

このように、僕にとって不安だったアメリカ武者修行は、本当に辛い時期もありましたが素晴らしい人たちのおかげで、何とか良いスタートが切れたと思えるようになりました。

この後は、シーズン開幕。僕は2Aのチームからのスタートです。キャンプの大所帯とは違い、それぞれのマイナーチームに分かれるので、1チームの人数も少なくなります。そうすると、もっともっとコミュニケーションが取りやすくなり、深く話していくこともできるようになるでしょう。

「ようやく取れ始めたコミュニケーションが、より良いものになって、もっと充実した毎日になる！」

そんな「希望の光」が僕の中でハッキリと見えてきたのでした。

僕が学んだこと

- ☑ 挨拶するときには相手の名前を呼んでから
- ☑ 自分から行動しなければ何も生まれないし得られない
- ☑ コーチも選手もコミュニケーション能力は最も大事なスキル
- ☑ コーチと選手は一緒に歩んでいるという共通認識も持つ
- ☑ 真摯に前向きに行動していれば誰かが評価してくれ報われる

第3章 日本のコーチング、アメリカのコーチング

フリスコ・ラフライダーズ合流

メジャーリーグは、ビッグリーグ（メジャー）がトップチームであり、その下にマイナーリーグがあります。マイナーリーグは、３Ａ→２Ａ→ハイＡ→ローＡ→アリゾナ→ドミニカアカデミーの順に、たくさんのチームからなる組織です。キャンプ終盤には、選手はどのレベルのチームに配属されるのかとすごく敏感になってきます。

また３ＡからローＡまでのチームは、それぞれ違った都市にチームを構え、メジャーリーグ球団とは別のオーナーがいます。そのメジャーリーグ球団と提携して運営しているという、いわば「独立したチーム」なのです。そのため、チーム名もユニホームも違います。

各々のチームにも選手枠があり、シビアな争いになります。またすべてのチームに漏れてしまった選手は、そのままアリゾナに残り、練習やアリゾナリーグでの試合をこなしながら、昇格を待つことになります。

新鮮、刺激、感激、葛藤、虚無感など、僕の中でいろいろな感情が呼び起こされた怒涛のキャンプでしたが、無事終えて次の所属先であるフリスコ・ラフライダーズ（以下、フリスコ）に合流しました。テキサス州にあるフリスコという街のチームです。フリスコの街は全米でも人気上昇中。街は本当に綺麗で、アメリカ有数の大都市ダラスやレンジャーズの本拠地アーリントンまで車で30分程と、最高の環境にあります。

フリスコは2Aのチームで、日本のプロ野球で言うと3軍に位置付けられます。しかし、日本の3軍とはレベルが違います。

メジャー登録は40人枠で、ベンチ入りが通

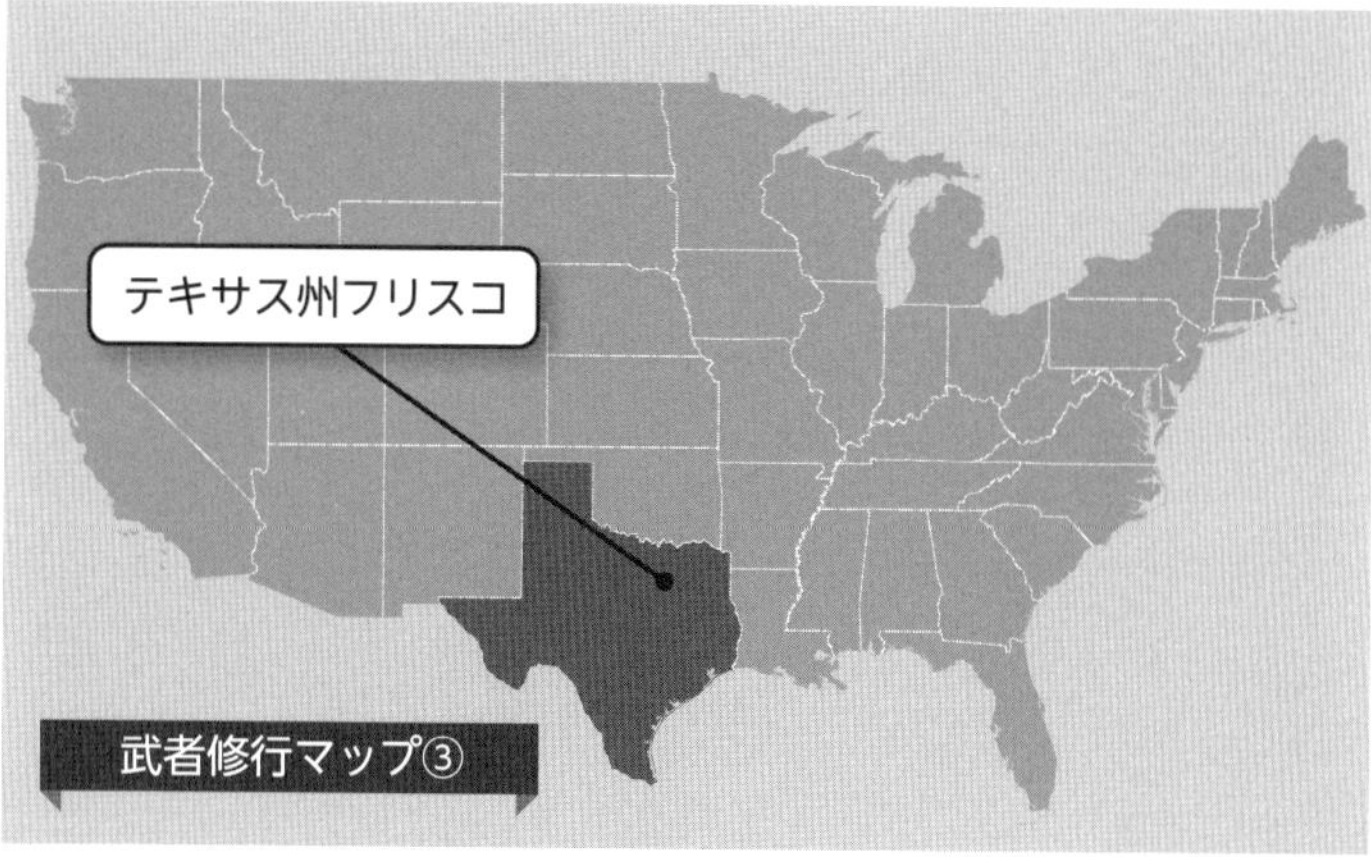

常26名です[※58]。3Aにはベンチ入りから漏れている選手のほとんどが所属しています。メジャーリーグでの出番を待機しているイメージですかね。すぐにでもメジャーとの入れ替えができる選手やメジャーレベルの選手の集まりです。

それとは違い、2AはハイAやローAから這い上がった選手、プロスペクト選手[※59]の集まりです（たまに2Aからスタートするハイプロスペクト選手もいます）。ルーキーリーグ、ハイA、ローAで鍛えられ結果を残してきた選手たちなので、当然実力がありあます。近い将来のメジャーリーガーであり、球団としても期待値が高く、最も重要視するチームとも言えます。そのチーム

フリスコ・ラフライダーズに合流！

※58 メジャーリーグでは、公式戦に出る資格を持つ40人の登録枠があり、その内26人がベンチ入りすることができる。26人枠外の選手はマイナーの試合に出場しながらメジャー昇格を待つ
※59 将来の活躍が期待される有望な若手選手

で僕はどういう経験ができるのか。本当に楽しみです！

合流前日は休日で、近くのモールでショッピングをしました。そして覚悟を決めて散髪にも行ってきました。アメリカに来てからは、言葉が通じないので、「めちゃくちゃな髪型にされたらどうしよう……」とこれまでなかなか行く勇気がなかったのですが、どうせ日本の知り合いには誰も会わないし、失敗したらそれはそれで面白いかなと思って。

床屋さんでは、英語が話せないので「これにしてください！」と事前に用意した写真を見せることにしました。席に座るや否や、僕の不安をよそにバリカンで「ジャッジャッジャッ」と何のためらいもなく刈り上げていくではありませんか！

「もうどうにでもなれ！」

ものの30秒で諦めの境地に。その後、15分ほどで想像以上の（というか見本の写真とはまったく違う）髪型に仕上がりました（笑）。これまで経験したことのないような髪型になり、自分でもめちゃくちゃ笑ってしまいました。「ちょっと、明日みんなと顔を合わせるのが怖いな……」と、少し後悔しながら。

こんな出来事も、何かスッキリした気分にさせてくれて、リフレッシュできたので良しとしましょう。久々の楽しい休日で気持ちを充実させ、いよいよ2Aでの生活がスタートしたのでした。

フリスコではキャンプよりも遥かに選手やスタッフの人数が減り、よりコミュニケーションも取りやすくなりました。ただ、当たり前ですがまだ満足に英語は話せません。それでも翻訳機を使ったり、カタコトで一生懸命話したりしています。また、フリスコには日本人トレーナーのイチさんが所属していて、手の空いているときや困ったときは助けてくれます。それだけで精神的にも安心です。

簡単な日常会話くらいなら翻訳機なしで話しますが、技術の話になるとやっぱり通訳が必要で、イチさんや翻訳機に頼りながらコミュニケーションを取っていきました。

そして、選手もキャンプのとき以上に話しかけてくれるようになりました。ここでもまだ僕のことをあまり理解していない選手も多かったので、話しかけてきたときがチャンスだと思い、キャンプ終盤と同様に、自分のこれまでの経験やキャリアを話すことを続けていきました。

そうすると説得力が高まり、選手の間でもだんだんと広がっていきました。フリスコに来てからようやく僕も１人のコーチとして認識してもらえるようになった気がしましたね。

ある日、投手コーチから「日本式」のＰＦＰ[※60]をしてほしいと言われました。これはチャンスです。この練習が選手にとってこれまでとは違うような経験になれば、日本の良さもわかってくれるだろうし、僕のことももっと認めてもらえるはずです。

前日からしっかりと準備して、日本で行なっていたように、またこちらの選手が理解しやすいように少しアレンジしながら、スムーズに練習できるようにと頭の中で何度もリハーサルしました。

それに、ＰＦＰの注意点や意識しなければならないことなど、必ず理解してもらいたいこともあります。僕の英語の発音では肝心な部分が伝わらないと思ったので、あらかじめ用意していた英訳の文章を紙に書いてグランドに持参しました。

※60 Pitcher's Fielding Practice。ピッチャーの守備練習

そして当日。「こういう練習の仕方は受け入れてくれるのだろうか？」という少しの不安も抱きながら、選手の反応をしっかりと見て丁寧に進めていきました。無事に一通りのＰＦＰが終わり、ピッチャーみんなに集まってもらって、準備していた文章を同僚のエブリ投手コーチに読んでもらいました。

エブリが読み終えると、すぐにみんなが拍手してくれ、僕のところに来てグータッチする選手も！

「俺は日本式のこの練習が好きだ！」と言ってくれた選手も多かったのです！

自分では思ってもみなかった反応で、本当に嬉しかったし、この練習を受け入れてもらえたことにすごく安心しました。そしてこの瞬間、僕はチームの一員として、またコーチとして認められた気がして、充実感で満たされたのです。

ちなみにこの練習は、「ＰＦＰ ジャパニーズスタイル」と名づけられ、その後も何度か行うことになったのでした。

僕が学んだこと

- ☑ アメリカの２Ａは日本の３軍とはレベルが違う
- ☑ アメリカのマイナーチームにはそれぞれに別のオーナーがいて独立している
- ☑ 海外で髪を切るときにはオーダーに注意
- ☑ 相手が話しかけてきたときが信頼を得るチャンス
- ☑ 日本の練習方法はアメリカでも通用するものがある

バスで7時間の遠征へ

２Ａが開幕し、公式戦が始まったことでようやくこれまでの日常が戻ったような気がしました。昨年まで25年間も日本のプロ野球界にいたものですから、試合の緊張感が心地良くも感じるのです。

シーズンは９月下旬まで。７月にオールスター休み[※61]が４日間あるものの、月曜日以外のほぼ毎日が試合で、シーズン合計では１３８試合ほど行なっていきます。

フリスコの対戦相手は主にテキサス州近郊のチームで、同じチームと６連戦を行なうことがほとんどです。遠征もあり、１週間ホームで試合をしたら、次は１週間のアウェイというサイクルが多いですね。たまに２週間続けての遠征もありますが。

２Ａと言えども、独立したチームです。地域に密着していて、地元のファンの方がたくさん球場に見に来てくれます。アメリカのマイナーリーグは日本のファームとは

※61 ファン投票で選ばれた選手たちが、アメリカンリーグとナショナルリーグに分かれて試合をするオールスターゲームの期間中と前後は、公式戦が行われない

違い、1つの興行です。野球観戦の楽しみ方が日本とは少し違うようにも感じましたね（その違いも後で書きます）。

毎日何かのイベントでファンを楽しませたり、飽きさせない工夫をしたりしています。また試合のイニング間でも必ずゲームなどのイベントで楽しませています。試合前には日本と同じように始球式（ファーストピッチセレモニー※62）があります。ただし日本のように試合開始直前に行われるのではなく、試合開始30分前くらいの、選手がウォーミングアップしている時間帯に行われるのが通常です。

また試合前にはもう1つ。どこの球場でも毎試合開始直前に必ずアメリカ国歌が流れます。僕も当然ながらみんなと一緒に整列して国旗を見ながら聴きます。毎試合誰かが歌ったり演奏したりするので、さまざまなアメリカ国歌が聴けるのも楽しみの1つです。うまい歌手の国歌を聴いたときには、本当に鳥肌が立ちますよ。

ちなみにフリスコの本拠地は、ライトスタンドの一部がプールになっています。夏場はここで飲み物片手に野球観戦。ベンチから見ていても、かなり羨ましくなってしまいますね。

※62 試合前に行われるイベント。著名人や関係者、ファンの中から選ばれた人などが1球のみピッチングを行うイベント

日曜日以外の試合はほとんどナイター[※63]で、金曜日と土曜日が一番多くの観客が集まります。夏場にはこの曜日の試合後に球場での花火大会があるから、というのも大きな要因でしょう。たまに試合後のミーティングが終わってから僕も見に行っています。

また、平日11時からのデーゲームを設定することもあり、地元近郊の小学生のために、授業の一環としてたくさんの子どもたちがスタンドに観戦に来ます。このイベントはどのチームでもシーズンに1度は行っているようで、日本の遠足のようなものでしょうか。試合中のイニング間インターバルにいつもちょっとしたイベントがあるのですが、それも子どもたちが喜ぶような遊

スタンドの中にプールが！

※63 夕方から夜にかけて行われる試合

びやゲームにしていて、野球を見るだけでなく楽しめる演出がたくさんあり、本当にみんなが楽しそうにしています。見るたびに、「これはすごく良いイベントやなあ。日本でもファームなどでやればいいのに」と思いましたね。

マイナーリーグと言えども、チームの勝利を目指すスタンスはメジャーリーグとなんら変わりません。しかし、選手はこの場で活躍し、1日でも早く3A、そしてメジャーへと駆け上がっていくことが最大の目標です。また選手起用においても勝利を目指していくものの、あくまでも育成の場なので、ピッチャーはあらかじめ設定された球数を超える投球をすることは絶対にありませんし、リリーフピッチャーの連投[※64]もシーズン序盤はほぼありません。こういう部分の制限、管理は徹底されています。

開幕シリーズはホームでの3連戦でした。開幕戦に勝利して気分良くスタートできましたが、翌日の2試合目では9回に4点差で勝っていたところから、3連続ホームランを浴びました。それもセンター、ライト、レフトへのホームランという滅多に見ることのできないものでした。味方のピッチャーが打たれたので複雑な思いでしたが

※64　連日ピッチャーが試合でピッチングすること

……）。

極めつけは、その3本のホームランで1点差・2アウトとなった場面でのピッチャー交代。なんと！　まだほかにもピッチャーが残っているのに、控えのキャッチャーがマウンドに上がったのです。

これはピッチャーの球数がチーム内で制限されていて、また翌日のほかのピッチャーの予定も決まっていて、ほかに登板できるピッチャーがいなくなったので仕方がないようです。メジャーとは違い、マイナーでは育成重視なので、こういうシーズン序盤でのピッチャーの制限はより厳しいものになりますね。

そしてマウンドに上がったそのキャッチャーは、バッター1人を無事に抑えることができてセーブ[※65]投手に。観客も事情を理解しているようで、最終的には大盛り上がりで勝利できたので本当に良かったです。

ちなみに野手が試合で投げるときは、スローボールが基本となります。それは野手が全力投球して肩や肘を故障したり、バッターにデッドボールを当ててしまったりしないためです。こういう部分もしっかりと管理され、選手は守られているなと思いました。

※65 試合途中、一定の規定の点差内でリードしている状態で登板し、試合終了まで守りきることでつく記録

開幕3連戦を終えてからは、早速1週間の遠征に。火曜日から日曜日まで、テキサス州南部に位置するサンアントニオという街でサンディエゴ・パドレス[※66]の2Aチームと6連戦です。

その遠征前の月曜日は休日になり、移動せずにホームで1日ゆっくり過ごしました。移動はバスで、火曜日の早朝に出発してその日にナイター試合に臨むという流れです。僕たちの本拠地フリスコからサンアントニオまで、途中休憩を1度挟んで5時間半ほど。途中の休憩では、日本で言うサービスエリアとは少し違いますが、テキサス州発祥のBucee's（バッキーズ）というすごく人気のあるガソリンスタンド&お店に寄りました。

バッキーズは、いかにもアメリカらしくスケールの大きなお店で、オリジナルキャラクターも大人気。そして品揃えも大型スーパー並み。何と言っても手作りのビーフジャーキーが「これでもか！」というくらいの数でショーケースに並んでいて、それを見るだけでも圧巻です。そこでみんな思い思いに体をほぐしたり、軽食を食べたり、リラックスしてまたバスに乗り込みます。

※66 カリフォルニア州サンディエゴを本拠地とする、メジャーリーグ球団。ナショナルリーグ西地区に所属

このように、2Aの遠征は基本的にバス移動です。僕はホークスの3軍コーチ時代に、福岡から四国などへ、7~8時間のバス移動もたくさん経験していました。こちらでも遠いところで7時間くらいなので、僕はそれほどしんどいとは感じません。バスではゆったり座れるし、車内にトイレもついているのは、それだけで安心感が出ます。

ただし、選手は違います。移動してからの試合は心身ともに疲労を伴い大変です。みんな体も大きいので、車内でどうやって足を伸ばそうか、どうやって快適に寝られるか工夫しています。枕は必須アイテムでしょう。隣の席にまで足を伸ばす選手、通路に寝る選手などさまざまな光景が見られるのも面白いで

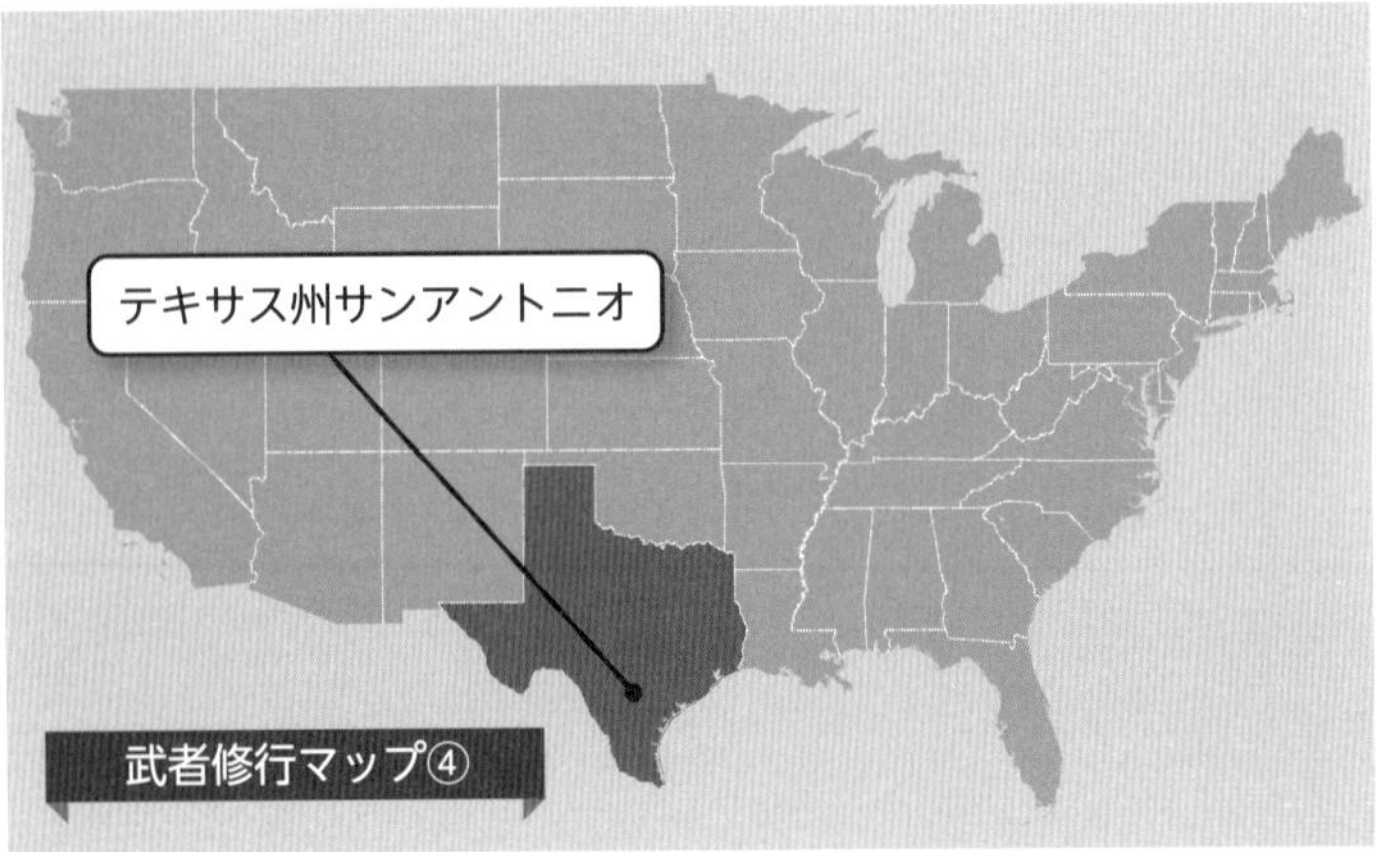

すね。

そうして辿り着いたサンアントニオでは、6試合すべての試合で接戦となりました。紙一重で逆の結果の可能性もありましたが、みんなの初遠征の疲労も感じさせない頑張りで、同一チームとの6連戦6連勝。最高の結果と最高の気分で初遠征を終えたのでした。

僕が学んだこと

- アメリカでは2Aの試合でも興行として成り立っている
- アメリカのマイナーでは特に選手を守るルールが徹底されていて、野手がピッチャーとして登板することも多い
- バッキーズは大人気のお店でビーフジャーキーが圧巻

野球をしながら大学の単位を取る選手

今回は2Aの野球を経験してみて感じたこと、それにマイナーチームの環境についてまとめてみました。

わかりやすいように日本の選手と比較してみると、2Aのピッチャーは全体的にストレートが速く、最低でも150キロ前後です。キレの良い変化球も持っている選手もいるのですが、制球力[※67]はまだまだといったところで、調子の波が激しいですね。

打者はパワーがあり強い打球を打つのですが、その確率が少し悪いようにも感じます。日本のように体勢を崩しながらもバットに球を当てたり、追い込まれたら三振しないように粘ったりすることはあまりなく、自分のスイングをしてバットに球が当たらなければしょうがないくらいの感じです。

また、守備や走塁、クイックモーション[※68]なども日本と比べると明らかに隙だらけ。

※67 球を投げたいところへ投げられるスキル。コントロールする力
※68 動作を素早く行うことで盗塁を防ぐ投球法

もちろんそれよりも重視していることがあるのでしょうが、改善の余地はあると僕は思っています。

一言で言うと、ピッチャーもバッターも荒削りな感じです。しかしこのレベルまで来ると、それぞれの特徴が明確になっていて、何か光るものがあるように感じます。そこを磨いていき、確率が良くなり調子の波が小さくなると、いよいよ3A昇格となるのでしょう。

2Aでは、翌年以降メジャーで導入が検討されている制度の試験的な試みも行われます。2022年では、各塁のベース拡大（慣れれば違和感のないくらいの大きさ）、滑らない工夫がしてある球の使用、投球間隔を短く管理するピッチクロックなどです。

僕の感覚では、ベース拡大と滑らない球は非常に良いと感じました。

ピッチクロックは、決められた時間内に、ピッチャーはモーションに入る、バッターは構えるというルールです。この制度の導入には慎重にならざるを得ません。特にランナーがいる状況で時間に焦らされるのは、ピッチャーもバッターも非常に厳しいでしょう。実際に時間をオーバーして自動的に三振やフォアボールになる[※69]のを何度も

※69 ピッチャーが時間をオーバーするとボールに、バッターが時間をオーバーするとストライクにカウントされる

見ましたが、選手は到底納得してないでしょう。しかし、後にまた触れますが、この制度についてはプロ野球が抱える問題を解決に導く方法の1つでもあるのです。

また、メジャーリーグでは毎年次から次へと十何人もドラフトされ、さらにドラフト外の選手やアメリカ以外の国から来る選手も含め、たくさん入団してきます。そのぶん、競争はかなり激しくなります。2Aの選手たちは24～26歳が多いのですが、そろそろ3Aに上がらないとメジャーまで辿り着けないのではないか、という危機感をみんな持っていて、少し焦りが見られる選手もいます。

日本の1軍昇格よりも、アメリカのメジャー昇格は明らかに狭き門。マイナーの年齢層も若いことから、年齢の壁は日本よりも高いと感じました。野球で成功しなかったときのためにも、チームでは大学を経由していない選手に対してオフシーズンやオンラインの授業で大学の単位を取ることが推奨されます。メジャーリーガーになって大金を手にする夢を持ちながらも、今後の人生設計についても真剣に考えている印象がありました。

アメリカ、メジャーというと、すごくお金を稼げるイメージがあると思います。ただし、マイナーリーグの現状はといえば、日本のほうが遥かに恵まれています。

日本の支配下登録選手[※70]の最低年俸は440万円です。3桁の背番号を背負う育成選手[※71]でも、最低年俸が240万円。月計算にすると育成選手であっても20万円くらいはもらえるわけです。その上、契約すればその年はシーズンオフまで基本的にはクビにならないので、年俸は満額が保証されています。

2022年の時点では、マイナーリーグの選手の場合、ほとんどの選手が年俸ではなく2週間に1度ずつ支払われる給料で、だいたい1000ドル前後と聞きました。いまのレートで言うと月の給料が26万円くらいですね（1ドル130円で計算）。ただし、アメリカではシーズンのどのタイミングでもクビにできるシステムなので、チームに在籍した期間しかもらえません。途中でクビになれば、そのぶんはもらえないのです。

さらに、シーズン中しか給料はもらえません。シーズンは6カ月しかないので、ずっといても160万円くらい。正直、どこかのお店でパートタイムで働いたほうが給料が高くなるわけです。アメリカでは、時給15ドル、20ドルのパートもたくさんあり

※70 1軍の試合に出場できる資格を持った選手
※71 支配下登録されていない選手

ますので。

では、なぜその給料で野球を続けているのかと聞いたら、やっぱりみんなメジャーリーガーになりたいと思っているからだと答えます。

メジャーリーガーになれば、天と地ほどに給料が変わります。

日本のプロ野球でも高年俸な選手はいますが、メジャーはさらに上で、桁が1つ違うくらいです。

またメジャーでの最低年俸が70万ドル、9000万円くらい。日割りにして、メジャーにいた日数分だけもらえます。日本にも同じシステムがありますが、最低年俸は1600万円です。アメリカとは5～6倍違います。


ほかにもメジャーのほうが好待遇な面はたくさんあります。例えば日本のプロ野球チームが移動するとき、飛行機や電車では一般の人と一緒に乗ります。常に周りの視線を感じることもあり、移動はすごく疲れます。

メジャーでは、移動はチャーター機で一般の人と一緒に飛行機に乗ることはありません。僕は乗ったことはありませんが、聞くところによると食事をしたりお酒を飲んだり、ゲームで楽しんだりして、それぞれが余計な神経を使うことなく思い思いに過ごす、リラックスできる移動だそうです。

こうした環境に行きたいからこそ、マイナーの選手はハングリー精神を持って頑張ります。いつクビを切られるかわからない、給料もめちゃくちゃ安い。その中で何とか這い上がってやろうとしているわけです。

その点、日本の選手はハングリー精神の少ない人が多いように見えます。もちろん、これは僕個人の印象です。ただ、いずれにしろ、日本はすごく恵まれているのだということは伝えたいですね。

さて、日本でも同じですが、アメリカでもチームによって環境やさまざまな規律、ルールの違いがあります。

フリスコはテキサス州の真ん中くらいの位置にあります。どこへの遠征に行く場合でもバス移動で最長で6～7時間ほどですが、テキサス州の端のほうにあるチームはその反対の端にあるチームの球場までの移動に14～15時間かかることも当然あります。

その点では僕はまだラッキーでしたね。

またそれぞれの球団によっての予算があり、ホテルのランクや食事のランクなどの違いもあるようで、レンジャーズは比較的良いほうだと聞きます。もちろんレンジャーズのマイナーチーム内でもカテゴリーの違いで予算が変わるので当然ランクも変わってきますが、僕のいる2Aでは遠征先のホテルも充分綺麗だし、食事もほとんど不自由なく気に入っています。むしろ好みの物ばかりで体重が増える一方で困りますが……。

グランド内のことでも、チームの規律はそれぞれ違うということを目の当たりにします。

マイナーチームでの練習はショートパンツを履いて行うのが通常で、ユニホームは試合以外ではほとんど着用しません（メジャーリーグでは異なります）。対戦相手のチームでは、Tシャツの袖を切ってタンクトップにする選手もいます。気温の高いある日、数人が練習時に上半身裸で行っているチームもありました。

さらには、ピッチング練習も上半身裸で行っている選手がいたのには本当に驚きました。僕たちのチームでは袖を切ることもまくることも禁止で、それを見て「信じられない！　あんなのプロじゃない！」と呆れている人も多くいました。僕もこれは正直やり過ぎだなと思いましたね。

ただ、大事なのはルールや規則の内容が正しい、正しくないではなく、チームとして明確に方針を決める、そして決まっていることは守っていくということだと思います。これが組織の基本なのだと再認識しました。

話は変わりますが、フリスコではホームランが出たときのベンチ内でのパフォーマンスも本当に楽しいです。

「フリスコ・ラフライダーズ」というチーム名は、アメリカの元大統領セオドア・ルーズベルトが軍隊時代に率いた騎兵隊、ラフライダーズから来ています。マスコットキャラクターもルーズベルト大統領の似顔絵です（ちなみに、テディベアもルーズベルトの愛称「テディ」が由来です）。

ある日、誰かがラフライダーズ（騎兵隊）のシンボルとして、馬のステッキを購入してきました。その後ステッキは試合中にもベンチに置かれるようになり、その日最も活躍した選手が試合後に「ヒーロー賞」としてステッキを受け取る儀式が始まったのです。またホームランを打った選手がステッキにまたがりベンチ内を走る、というパフォーマンスが流行っていきました。

アメリカのベンチ内でのパフォーマンスは日本では思いつかないようなユニークなものが多く、本当に楽しめる瞬間です。こういう日本とは違う雰囲気も楽しみながら、2Aの野球を見る毎日だったのでした。

ただ、せっかくアメリカにいるわけですから、やはりメジャーリーグの試合も観たい！　ということで、休日を利用して観戦に行ってきました。生のメジャーリーグ観

ヒーローがまたがる馬のステッキ！

戦は、大学選抜でアメリカ遠征に来たとき以来です。そのときの試合内容は何も覚えていませんが。

レンジャーズの本拠地であるアーリントンまで、僕が滞在しているフリスコから車で30分ほどの距離です。ちょうどチームの休日とレンジャーズの今シーズンの本拠地開幕戦が一致するという、またとない機会でもあったので、チケットも無事入手しＵｂｅｒタクシーを駆使して球場へと向かいました。

現在のレンジャーズのホームスタジアムであるグローブライフ・フィールドには、レンジャーズが以前本拠地として使用していたチョクトー・スタジアムも隣接しています。また、アメフトＮＦＬのダラスカウボーイズの本拠地スタジアムも並ぶようにしてあります。その大きなスタジアム３つが隣接する雰囲気には、何か別世界に来たような感覚になり、圧倒されます。

また球場周りには、信じられないくらいの大きさの駐車場があります。日本とは違いこちらの交通手段はほぼ車なので、駐車場は重要ですね。

球場に着くと、チームスタッフの方が迎えに来て、いろいろと案内してくれました。一般の方が入れないチーム関係者施設、フロントオフィスや契約者専用のボックス席※72

※72 部屋付きの特別席

などを見られて、本当にこのときばかりは関係者で良かったなと思いました。

　球場の中に入ると、ここでもスケールの大きさに圧倒されまくりです。この球場は2020年にできたばかり。メジャーでは一番新しい球場であり、大きくて綺麗な造りです。開閉式のドーム型で青空が見える風景は最高ですね！

　また球場内のコンコースが日本とは比べものにならないくらい広く、たくさんの人が通れるようになっています。コンコースには名選手のパネル写真なども飾られていて、ここを歩いているだけで楽しくなります。

メジャーの迫力！

そして試合開始。開幕戦のセレモニーは想像していた通り圧巻で、特にアメリカ国歌のセレモニーは感動で鳥肌が立ちまくりでした。

試合はレンジャーズの選手が活躍するとものすごく盛り上がります。相手チームが活躍するとそうでもありません。これははっきりしていますね。

マイナーリーグの試合は、家族や仲間と喋りながら食べながら飲みながら、楽しく野球を観るという感じです。勝ち負けもそうですが、野球の内容より野球場の雰囲気を楽しみに来ている印象です。得点シーンや好プレー、それにイニング間のイベントでもすごく盛り上がります。それに比べメジャーリーグは好きなチームを応援して、特に地元のチームを応援してしっかり野球を観る！ という印象でした。日本のように鳴り物で応援しないので、盛り上がるときとそうでないときの差が激しく、応援の仕方は好みが分かれると思います。これが先に少し触れた日本とアメリカの野球観戦の楽しみ方の違いだと思いました。

試合の結果はというと、9回裏に同点ホームランが出るなど盛り上がりましたが、惜しくも延長戦で負けてしまいました。2020年シーズンからのルールで、延長戦では0アウト2塁からのスタートとなります。こういう場面を見られたことや、メジャーの試合の雰囲気を存分に楽しめたことは良い経験にもなりましたね。

また違う休日でもメジャーの試合と重なり、運良く大谷翔平選手のいるロサンゼルス・エンゼルス※73との試合も観戦できました。

やっぱり彼はアメリカでもスーパースターです。相手チームの選手でも大谷選手やマイク・トラウト選手※74が打席に入ったときの注目度や歓声はまったく違います。大谷選手のことは日本では対戦相手としてベンチから見ていましたが、アメリカでプレーする姿を見られたことは自分にとって感慨深いものがありました。

日本人選手が世界のトップリーグで大活躍している姿を目の当たりにすると、本当に誇らしく思えます。

こうしてアメリカならではの体験ができたことは、本当に幸せな時間でした。

※73 ロサンゼルスに本拠地を持つ、メジャーリーグ球団。アメリカンリーグ西地区に所属
※74 エンゼルスに所属する選手。MVPを3度受賞するなど、メジャーリーグを代表する選手の1人

僕が学んだこと

- ☑ 進化していくために新しい試みを積極的に行なう
- ☑ 新しい制度の導入にはメリット・デメリットがある
- ☑ 厳しい環境と「メジャーに上がる」という目標がハングリー精神を生む
- ☑ 正否ではなく、決められたルールや規則を遵守することが組織の基本
- ☑ マイナーリーグは球場の雰囲気を楽しむところ

科学的アプローチと主観的アプローチ

僕は試合中何をしているのか。

基本的にはベンチからチームの一員として試合を見ています。日本と違うのは、「トラックマン」という機器で、球の質（スピード、回転数、変化量、リリースポイント※75など）のデータが見られることです。

これは僕にとってすごく貴重なことなのです！　というのは、日本ではまだベンチ内にトラックマンの数値が表示される機器を置くことは禁止されているからです。試合後にピッチャーの映像を見ながらでしか、数値は確認できません。やっぱり映像で見る球と、実際の目で見る球のギャップはあると言えます。

それがこちらでは自分の目で見た主観と数値を、その場でリアルタイムに照らし合わせることができるのです。現場での経験がある方には、この良さがすぐにわかってもらえるでしょう。

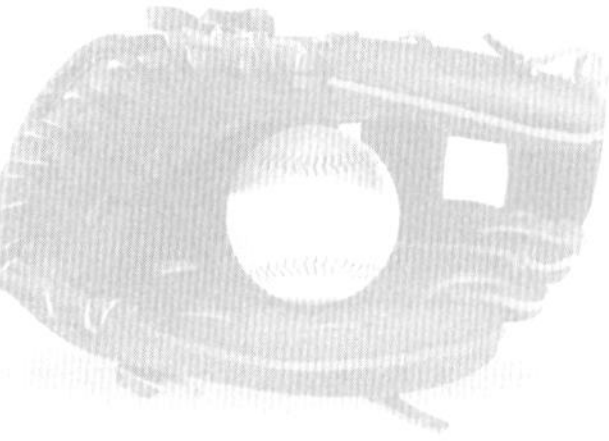

※75 投球の際にボールを離す位置

「なぜ、このピッチャーの球のスピードはそれほど速くないのにキレが良く見えるのだろう」
「なぜ、このピッチャーは打たれやすいのだろう（打ちにくいのだろう）」

自分の主観と数値を照らし合わせて、いろいろと考えることができます。

もちろんトラックマンでは表すことのできない、評価できない部分もあるので、それを自分の頭の中で整理して想像しながら見るというのもすごく重要です。

また、実際に球がストライクゾーンのどの位置を通ったかも表示されるので、横か

ベンチ内のトラックマン

らのアングルで見ているとわからないコースの確認ができます。たまにストライクゾーンに入っているのにボール判定になると、ベンチから「いまの入ってるぞ！」なんてヤジみたいな言葉も飛んでいきます。主審はたまったものではないでしょうね。

いまの時代、機器の発達でいろいろなものが数値化され、分析・蓄積できるようになりました。でも分析だけであれば専門家なら誰でもできます。大切なことは、それをどのように生かし、選手にどうやってアドバイスして成長に繋げられるか。これが指導者として最も重要であり、コーチの腕の見せ所なのだと思います。

こうした部分では、日本と大きな違いがあります。いままでの日本では、コーチの主観で「もっとキレの良いスライダー※76を投げたほうがいい」などとアドバイスをすることがあります。そうしたやり方だと、評価が別れてしまう可能性が高くなります。

例えば、2人のピッチングコーチがいて、1人のピッチャーがスライダーを投げたとします。1人のコーチは、「すごく良いスライダーだね」と言い、もう1人は「いや、そうではないよ」と言う。それぞれの主観なので意見が分かれる可能性が十分にあり、評価のズレが生まれるわけです。

※76 変化球の一種。利き腕と反対方向、あるいは下方向に変化する

それも冷静に見ることができていればいいですが、コーチも人間なので、少なからず選手に対する感情的なバイアスも入ってきます。

僕はこの主観的アプローチが、「かなり危ないな」と思っていました。この例で言えば、あるコーチは「このスライダーは良い」と思ってアプローチする。もう1人のコーチは「悪い」と思ってアプローチする。選手からしてみれば、同じ球を投げていても真逆のことを言われる可能性があるわけです。

そうなると、選手の命運は「どちらのコーチに出会ったか」という、ある意味「運」で決まってしまうことになります。コーチの裁量で選手を一流に磨き上げることもあれば、めちゃくちゃにしてしまうこともあり得る。これは「人間が起こすエラー」みたいなもので、僕は極力なくすべきだと考えています。選手は誰ひとりとして、自分の成長が「たまたま」の運に左右されていいとは思っていない。みんな1軍で活躍したいと思っているのです。

アメリカでは、「何をもってして、キレの良いスライダーなのか」という話になります。最初は「もっとスライダーを良くしたいな」という主観から始まりますが、まずしっかりと数値を確かめます。スピードだけじゃなくて回転数、変化の縦幅・横幅まで全部数値化されています。だから評価にズレが生まれません。

いまはこういう計測機器がどんどん出てきています。しかも、日本は同じ計測機器を持っています。それなのになぜ使えていないかといえば、コーチが学ぼうとしないからだと思います。

昔はこんな機器はありませんでした。コーチとしては自分が現役のときに使ったことのないものだから、信用できないわけです。よく聞くのが「機械や数字で、スポーツは語れないよ」というフレーズ。そういう人に限って学びません。あるいは、学ぼうとしてもどう学んでいいかがわからない。日々の忙しさに流されて、勉強したいという気持ちはあるけれども実際にはできていない。

いずれにしても、それでは駄目です。新しいものもしっかり勉強して、選手に提供できないといけない。もうそういう時代が来ています。

僕は、日本のコーチのアプローチはアメリカに比べて10年は遅れていると思います。アメリカでは計測機器を10年ほど前から活用し始めて、データも蓄積し、5年くらい前から膨大なデータをフル活用しています。

野球のレベルが10年遅れているという意味ではなくて、コーチングが遅れている。だから、選手は海外の情報に目を向けるわけです。日本のコーチは絶対にアメリカに来て現場を経験したほうがいい。僕はそのことを強く発信しています。

ただし勘違いしてはいけないのは、すべてが数字で表れるわけではないということです。アメリカの科学的アプローチを見て、最初はすごいなと衝撃を受けていたけれど、慣れてくると「これにも落とし穴があるな」と考えるようになりました。

それは、数値で分析できるのは純粋に「球」の評価であって、「バッターがどう感じるか」というところが抜け落ちているということです。

例えば、２人のピッチャーがいて、ほとんど同じ数値の球を投げているとします。でも一方はすごく打たれて、もう一方はしっかりと抑えるというケースがあります。

これはなぜか。バッターはピッチャーの動きを見てタイミングを取ります。バッターにとってタイミングの取りづらいフォームだったり、ボールの出所が見にくかったりすると、仮に平凡な球であったとしても打ちづらいわけです。つまり、ピッチャーのパフォーマンスは数字だけでは表せられない部分があるということです。将来的にはそれさえも数値化されるかもしれないけれど、現時点ではできていません。

ここは大事な部分です。平凡な数値の球なのに、まったく打てないピッチャーも実際にたくさんいます。これは日本にいるときには気づいていないことでした。日本では試合後に映像を見て数値と照らし合わせるのですが、そうすると数値にしか意識が向かなかったり、フォームの部分が疎かになってしまったりします。またそれとは逆に、数値を度外視して、自分の主観だけで評価してしまうこともあるのです。


こんな感じで、僕は毎試合、ピッチャーの良い部分、悪い部分を自分なりに分析したり、良いピッチャーの共通点みたいなものを整理したりしながら、試合を見ています。退屈することなく、毎日すごく勉強になっています。

大げさに言えば、科学的アプローチと主観的アプローチをいかにして融合させていけるか。これがこれからの野球界にとっての課題でもあると思っています。

僕が学んだこと

- ☑ アメリカでは数値や蓄積データを活用した科学的アプローチが進んでいる
- ☑ 日本の主観だけのアプローチでは選手を間違った方向に進めてしまう危険もある
- ☑ ただし、すべてが数字で判断できるわけではないことも理解する必要がある
- ☑ 数値を活用し、数値化できないものをどうアプローチしていくかが大事。科学的アプローチと主観的アプローチの融合を目指す
- ☑ 経験は知識のアップデートができた上でこそ生きてくる

日本の「情の文化」が人の心を動かす

いわゆる「コーチあるある」として、キャンプ中と実際のシーズンで、選手の印象が変わることがあります。キャンプでの投球練習は第一印象みたいなもの。シーズンに入ると、選手の評価が激変することもたくさんあります。その選手の取り組み方、意識、考え方、性格など、内面がよく見えるようになってくるからです。

僕は、相当な素質がありながら内面（メンタル面）が未熟な選手、プロのピッチャーとしては難しい考え方や性格の選手をたくさん見てきました。そういった選手は伸び悩んでしまうことも多く、コーチとしての期待値も変わってしまいます。

メンタル面がいかに選手の成長やパフォーマンスに大きな影響を及ぼしているのか。自分の現役時代のときもそうでしたが、客観的に選手を見るようになり、より感じるようにもなりました。

アメリカでも同じように、キャンプで見ていたときの印象とガラっと変わった選手もたくさんいます。「やっぱり外から表面だけ見えるものと、チームに入って一緒に過ごしていく中で見えるものは違うもんやなあ」と改めて思いましたね。

そうやって過ごしていく中で、僕は選手を見ていろいろと感じることがありました。また、毎日顔を合わせ選手との距離が縮まったおかげで、選手からの質問も少しずつ増えてきました。しかし僕は正式なコーチではなく研修という立場なので、「手取り足取り教える」というようなことは当然ながらできません。

それでもある日、シーズンに入ってからずっとコントロールが悪く、フォアボールの連発が続いて悩んでいた選手が、僕のところに話に来ました。その選手とは、普段は挨拶程度の会話しかしたことがなかったのですが、たぶん「藁《わら》にもすがる思い」という心境だったのでしょう。

「私のピッチングはどう見える？　あと、スライダーをもっと良くしたいんだけど、どうすればいいかな？」

僕はこれまで見てきた自分の感想を伝え、彼の投げ方や球の握りを確認した上で、「投げ方というより、こういう握り方を試してみたらどうかな?」と少しのアドバイスをしました（このくらいのアドバイスだったら越権行為にならないと思って）。

その後、何日か一緒にキャッチボールで試していると、「すごく良い感覚が出てきた」と言ってくれました。日を追うごとにその握りがしっくりきて、久々の登板となった試合ではまだ不安定な部分はありましたが、確実に進歩が見えました。少しずつストライクが増えたし、フォアボールも減った。あともう少し。

そしてその次の試合でなんと！ つい2

キャッチボールで
コミュニケーション

週間程前までフォアボール連発で自分でもどうしていいのかわからない状態だった彼が、スライダーでストライクをバンバンと取り始めたのです。

もともと、ストレートは平均153キロ以上投げるピッチャーですが、ストレートもスライダーもカーブ[※77]も、持ち球のすべてでストライクを取れないでいました。

それが、スライダーでストライクが取れるようになった。そうして持ち球のどれか1つでもストライクが入るようになると、当然カウントが良くなります。それまでは「ストライクを取らなきゃ」と、腕が縮こまったような状態で投げていたのが、カウントが良くなると精神的に余裕ができて、ほかの球も思いきって投げ込めるようになる。その結果、自慢のストレートやカーブでもストライクが入りだしたのです。

その日は今季最長の3回と3分の1イニングをリリーフ。フォアボールはほとんどありませんでした。何より自分のコントロールの不安との戦いではなく、「バッター」との勝負ができていた。その姿をベンチから見られて、僕は本当に嬉しくなりました。

ただ、2失点していたので少しガッカリしているかなと思い、降板後はあまり話す気分ではないだろうと思ったのでベンチ内では少し距離を空けていました。すると彼

※77 変化球の一種。利き腕と反対方向に曲がりながら落ちる

が僕のところまでわざわざ来てくれたのです。

「あなたのおかげで手応えを掴めた。本当にありがとう」

点を取られたにもかかわらず、満面の笑みで僕に握手まで求めてくれました。

僕は彼がこんな風に思っていたとはまったく想像していませんでした。僕の中では密かな手応えを感じていましたが、彼がどう思っているのかはわかりません。でも彼も同じように手応えを感じ、フォアボールの不安がなくなってバッターとの勝負ができたことで、気持ちがスッキリしたのだと思います。

彼の笑顔を見た瞬間は本当に嬉しくて嬉しくて……、目頭が熱くなりました。こちらに来て初めて、選手の役に立ったように思えたし、何より選手を救う瞬間を味わえたことで、「本当に良かった。もっと選手のために何かできることはないやろうか？少しでも力になりたい！」と、より強く思うようになりました。

その後の彼はもう以前の彼ではありませんでした。マウンド上で堂々とした姿に変わり、バッターを圧倒して三振をバンバン取っていくようになったのです。

ピッチャーはメンタルも大きく影響するポジションです。たった1つのきっかけで噛み合っていなかった歯車が噛み合うかのようにすべてうまく回り出すということが起こり得るのです。

またあるときに、彼と同じようにフォアボールを連発して、このままでは駄目かもしれないという別の選手がいました。その選手とはあまりコミュニケーションを取ったことがなかったので僕は何もできませんでしたが、チームの投手コーチに「アドバイスしてあげなくていいの？」と聞きました。

「選手が聞きに来れば、私は教えます。その準備はしています。聞きに来なくて、もしそれで駄目だったら、それは彼が選んだ道です。私は彼の選択を尊重します」

僕はこれまで日本では、選手が少しでも良くなるようにと放っておくことはしてこなかったので、「なるほど、そういう考え方もあるんや！」と勉強になりました。ただ、彼がコーチにアドバイスを求めたかどうかはわかりませんが、結局状態は良くならず、数週間後にクビになってしまいました。

さらにその後、もう1人同じような状態の選手が出てきました。彼とは親しくて、食事会場で翻訳機を使いながらいろいろとよく話をする仲でした。そんな彼も僕のことをリスペクトしてくれているように感じていました。

「彼をこのまま放っておいたら、前の選手みたいにクビになってしまう……」

そこで僕はいても立ってもいられず、越権行為だとわかっていながらも隠れてレポートを作りました。選手の現状、悪いところ、改善に繋げる方法論など。それら全部を書いてメールで彼に送ると、次の日大喜びで話しかけてくれました。

「いままで一度もこんなことをしてもらったことはない。本当に感謝します！」

その後彼の成績は良くなって、結局クビにならなくて済みました。

彼にはすごく感謝をされたけれど、それは僕がいままで日本で当たり前にやってきていたことです。何も特別なことはしていません。本当はしてはいけないことだったかもしれませんが、見るに見かねて僕にとっては普通のことをしただけです。

でも、相手が感謝してくれたときに、「これは日本人の良さなのではないか」と思いました。僕は日本の「情の文化」と呼んでいますが、ときにはその情が判断を狂わすこともあります。

しかし、無条件に相手のことを思い行動する。人を気遣い、そして損得勘定抜きで人を救ってあげる。そうした行動こそが人の「心」を動かすのだと思います。アメリカの考え方は、やっぱりビジネスライクでドライに感じます。投手コーチの「選手の選択を尊重する」という考え方も大切だとは思うけれど、僕はこれまで培ってきた日本人的な良さを大事にしたいなと思いました。

ただ、もちろんアメリカの指導法が駄目だというわけではまったくありません。

アメリカは相手をリスペクトする文化だと思います。一番の学びは、同じ目線で話をすること。アメリカはお互いが横の関係で、一緒に良くなっていこうという感覚。日本の場合、コーチと選手はやはり上下関係です。ときにはそれが必要な場面もありますが、僕は一緒に歩んでいくという意識の中でその関係に違和感があり、なるべく同じ目線で話すようにしていましたが、こちらではより徹底されています。

特に感銘を受けたのが、まず褒めることです。いきなり指摘はせずに、選手の良いところを褒める。あえてやっているのか、自然とそうなっているのかわかりませんが、それは選手の耳を「開かせる」ためなのだと思います。どれだけ正しいことを言っても選手の耳が閉じていれば何も伝わりません。これはどのコーチや監督にも共通することでした。

僕が学んだこと

- ☑ メンタルが選手のパフォーマンスや成長に大きく影響する
- ☑ たった1つのきっかけですべてがうまく回り出すこともある
- ☑ 日本的な「情の文化」が人を救う
- ☑ 同じ目線で、一緒に良くなっていこうという感覚を持つこと
- ☑ まず褒めることで「聞く耳」を開かせる

ありがとう フリスコ・ラフライダーズ

今回の武者修行の当初から、アメリカではシーズンの半分ずつを2Aと3A両チームで経験させてもらうことが決まっていました。予定通り、シーズンのちょうど半分くらいに当たる7月4日が2Aでの最終日です。

その前日は、僕にとってフリスコ本拠地での最終日になりました。その日の練習前、いつもと違って急に「全体ミーティングをします」とのこと。「何の話かなー？ 7月4日のアメリカ独立記念日の話かなー？」などと想像していました。

ところが、ミーティングが始まるや否や、監督が僕のことについて話し始めました。

「シンジは、明日で2Aを離れます。本当に淋しくなるよ。いろいろとありがとう！」

なんと、僕のために開いてくれたミーティングだったのです！　すごくビックリしたのと、僕はこういうことにまったく慣れていないので照れてしまいます。僕は最終日にはみんなの前で挨拶したいと思っていたので、用意していた挨拶文もあったのですが、１日早いこの状況で予想外の展開になり、咄嗟に何も言葉が思い浮かばず、ただ一言、「Thank you so much……」と言えただけでした……。本当はもっと気の利いたことが言えたらよかったのですが、そんな英語力もない自分を、このときは本当に情けなく思いましたね。

その後にはみんなのサインが入ったユニホームと、僕の大好きなウイスキーのサプライズプレゼントが！　みんなの気遣いに感謝でいっぱいで、僕は心の中で泣いていました。そしてミーティングの最後にはみんなで集合写真。いただいたユニホームは一生の宝物になりました！　お酒はすぐに飲んでしまうでしょうが……（笑）。

翌日の７月４日は朝から移動してアウェイでの試合です。その日が僕の本当の最終日であり、偶然にもアメリカの３大記念日である独立記念日でした。そんな日と重なったことで、自分で勝手に新たな旅立ちに向けて背中を押されている気がしましたね。

みんなから練習時に「今日が最後だよな？　淋しいよ」と声をかけてくれて、僕も淋しい思いがますます募っていきました。その最後の試合では投打ともに強い内容で大勝。僕が特に気にかけていたピッチャーの1人が最後も素晴らしい投球を見せてくれ、僕自身も大満足の試合になりました。

そしていつもの試合後に行われる全体ミーティングでは、恒例である監督による試合の振り返りの話の後に、僕の希望で最後の挨拶のために時間を作ってくれました。改めてみんなにお別れと感謝の気持ちを伝えたい。下手な英語とわかっているけど自分の声で話したいと思い、事前に書いた英文を一生懸命読みました。

「I was able to have a great time here in Frisco and that is because everybody here was so friendly to me. Thank you all very much !!
I hope that the team will win in the future and that everyone will grow.
And I look forward to the day we can meet again.
Good luck !!」
（僕はここフリスコで素晴らしい時間を過ごすことができました。それは、ここにいるみんなが僕にとても親切に接してくれたからです。本当にありがとうございました！

これからのチームの勝利と、みんなの成長を願っています。

そしてまた会える日を楽しみにしています。

頑張ってください！）

すると、僕の挨拶が終わるや否や、大歓声と拍手が湧き起こったのです！

試合後のミーティングではその日のチームのヒーロー賞として、ラフライダーズのシンボルである騎兵隊に由来した、馬のステッキを渡す儀式があります。なんと！最後の最後に僕がいただけるというサプライズもあり……。本当に本当に嬉しくて、最高の思い出となりました。

球場から離れる前にはコーチや慕ってくれた選手と挨拶を交わしましたが、僕はこういうことに本当に慣れておらず、感動して涙が出かけていたのを悟られないようにと全力で気持ちを抑えていました。

その中でも特に嬉しかったのが、ベテラン投手コーチのジェフさん。歳もかなり離れているし、最初はうまくコミュニケーションが取れなかったので、「僕との間には壁があるのかなー？」なんて思ったこともありましたが、最後の３日間くらいは、毎日僕に「淋しいよ、いつでも戻ってこいよ」と言ってくれました。

ジェフはレンジャーズでも一番長く投手コーチを務めていて、僕はそのコーチングを常に見て学んでいました。疑問に思ったことを聞けば何でも答えてくれて、本当に勉強させてもらいました。

初めの頃の印象からここまで距離が縮まったことには自分でも驚きでした。そして言葉の通じない僕をこんなに認めてくれていた、温かく見守ってくれていたことを知

フリスコを「卒業」

り、その愛情が伝わってきて、気がつけば我慢していた涙が溢れていました……。

こうして僕は2Aフリスコ・ラフライダーズを「卒業」することになったのです。3カ月間という短い期間でしたが、最高のチームメイト、スタッフに囲まれて本当に幸せな時間でした。一生の思い出、宝物を手にして、僕は新たな武者修行の地、テキサス州ラウンドロックに向かうのでした。

僕が学んだこと

- ☑ 下手な英語でも一生懸命本音を伝えようとすることで相手の心を動かす
- ☑ 大きな困難の裏にはそれよりも大きな喜びがある
- ☑ 人と人との繋がりは言語を超える

第4章

コーチとは、こんなに楽しい仕事だった！

新たなる環境「ラウンドロック・エクスプレス」

アメリカで初めて過ごすシーズン。フリスコで素晴らしい経験ができ、いよいよメジャーに最も近いカテゴリーである3Aに合流しました。

チームの本拠地はテキサス州ラウンドロックという街にあり、同じテキサス州のフリスコからは車で3時間半くらい南に下った場所にあります。チーム名は、「ラウンドロック・エクスプレス（以下、ラウンドロック）」。球場すぐ横に貨物列車が通る線路があり、試合中も時折「フォアーン！　フォアーン！」と大音量の警笛音を鳴らしながら列車が通る音が聞こえてきます。チーム名はその名物とも言える列車に由来していて、ロゴマークも列車をイメージしたものです。

3Aはいつでもメジャーの選手と入れ替えができる選手の集まりみたいなもので、ほとんどがメジャー経験者です。2Aでも多くのピッチャーが150キロを超えるス

トレートを投げていましたが、3Aの右上投げ[※78]のリリーフピッチャーはさらに速く、ほとんどのピッチャーが155キロ以上のストレートを投げられることが印象的でした。キレの良い変化球もあり、明らかに2Aより高いレベルであることがわかります。

バッターのパワーも2Aよりさらに上がります。下位打線[※79]でもホームランがたくさん出て、大差からの逆転劇もしばしば起こります。1度僕たちのチームが、8対0から終盤3イニングで逆転負けするという、投手コーチとしては非常に肩身の狭い試合になったこともありました。99マイル（158キロ超）のストレートを8、9番バッターでも完璧に打ち返して強い打球のヒットにしたのを見たとき

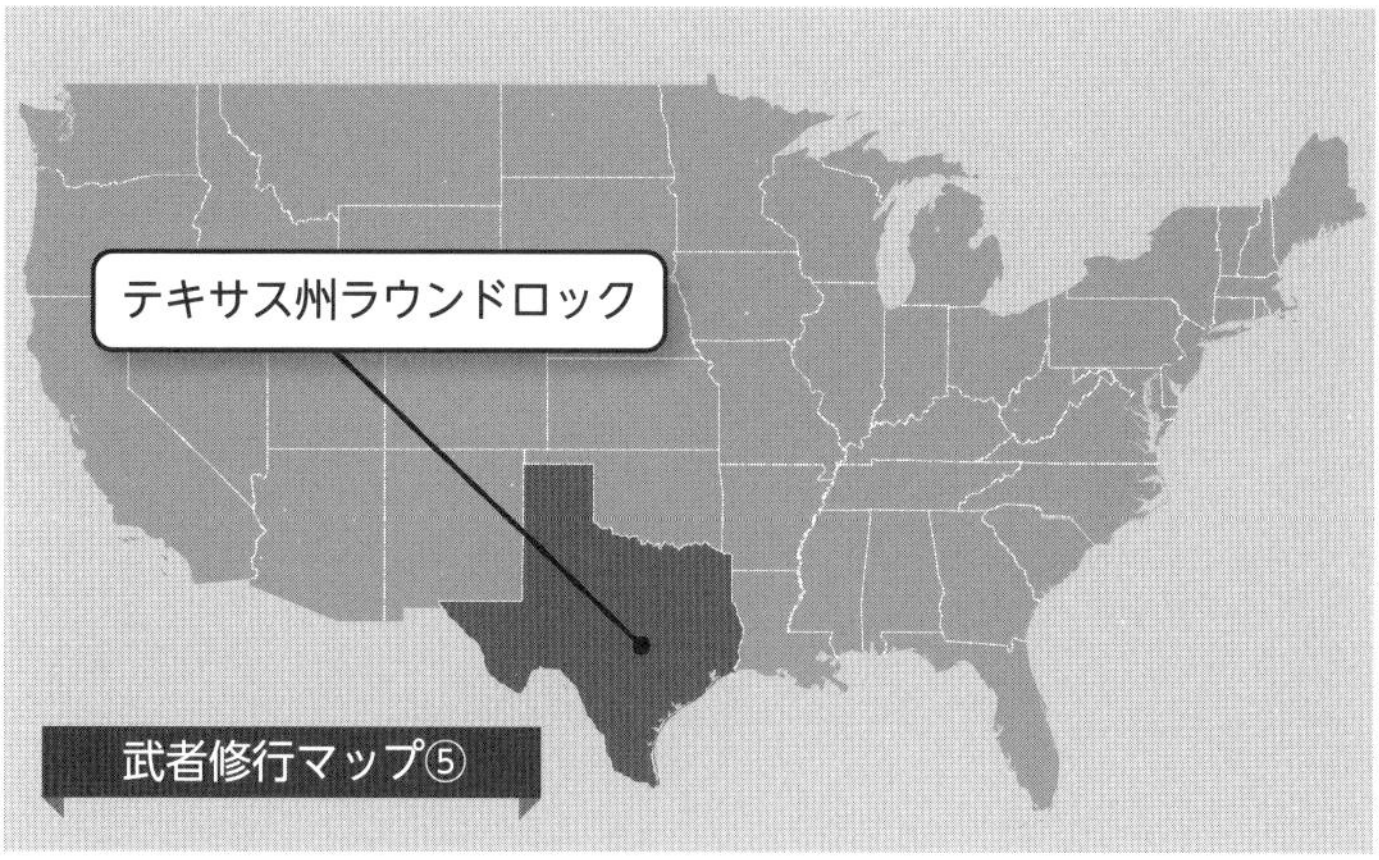

※78 右投げで、腕の角度が上から振り下ろすように投げる投手のこと
※79 6番もしくは7番打者から9番打者を指す。比較的打力の劣る打者がその打順を担うことが多い

は驚きましたね。

こういうレベルでありながらも、メジャーに定着できず行ったり来たりしている選手がいます。彼らの中には日本でのチャンスを求めている選手も多くいるので、日本のプロ野球のスカウトも、3Aを特に注目して見ています。


また、僕が3Aで一番新鮮に感じたことが、ABSシステム[※80]という機械でストライク判定をする、いわゆる「ロボット審判」を画期的に導入していることです。

僕も一瞬イメージしてしまいましたが、実際に人間型のロボットがキャッチャーの後ろにいてコール[※81]しているわけではありません（それはそれで見てみたいですが）。機械でストライク・ボールを判定し、瞬時に主審のイヤホンに判定の音声が送られ、その主審が実際にコールするというもの。これを将来的にメジャーで導入するかどうか、試験的にマイナーで使われています。

このシステムについて、僕のいまのところの感想は、想像以上に使えるかもしれないということでした。機械での判定によって、ピッチャーもバッターも主審の判定に対する不満を示さなくなったからです。機械の判定には納得するしかないのです。

※80 Automated Ball-Strike System：自動ボールストライクシステム
※81 判定を知らせること

正直僕も選手時代、時折主審の判定への不満はありました。それが機械判定になれば「いまのは違うやろー！」と心の中で叫ぶことがなくなります（表に出してしまうと退場にもなりますので）。試合中の判定に対してストレスを感じなくなることで、余計なエネルギーを使わずに済むように思います。

しかし一方で、機械判定の導入は、主審のそれぞれの特徴や癖を掴み、それに対応していくという「ピッチャーの技術」の1つがなくなるということでもあります。

「すべてを機械に頼ることはスポーツの醍醐味がどんどん薄れていくのではないか？」

「機械であれば人による誤差みたいなものもなくなり、誰もが平等な判定となる」

「実際にプレーしている人と、見て楽しんでいる人の感覚や価値観の違いがある」

賛否両論、さまざまな意見が出るでしょう。どちらが正解かを決めることはできませんが、僕の印象としては、将来導入される可能性が高いと感じています。

何はともあれ、こんな新しい取り組みをどんどん積極的に行なっているのがアメリカです。日本もその後を追っているところは多々ありますが、僕がアメリカでこれまで学んだ球団のさまざまなシステムや組織論もしかり、「変化を恐れずどんどん進化させていく姿勢」は見習うべき部分でもあり、率直に「すごいなあ」と思っています。

さて3Aでは、以前紹介した有原航平投手も同じチームです。彼とはスプリングキャンプ以来なので、久々にいろいろと話ができるのが本当に楽しみです！

有原投手はプレーヤーとして、コーチの僕とは違う視点で日本とアメリカの野球の違いも感じているでしょう。これからは鬱陶しがられるくらいに（笑）、たくさんのことを聞いてみたいと思っています！

こうして僕はまた新たな環境で、刺激的な時間を過ごすことになったのでした。

僕が学んだこと

- ☑ 3Aは2Aよりさらにレベルが上がりメジャーの予備軍である
- ☑ 画期的なABSシステムの導入
- ☑ トライアル&エラーを積極的に行なう（挑戦して、エラーが出て、改善していく）
- ☑ アメリカの変化を恐れずどんどん進化する姿勢を見習うべき

楽しく練習して、試合に集中する

以前にも書いたように、マイナーリーグはそれぞれが独立したチームで、チーム名もユニホームも違うため、チームが変わると当然新しいものが必要になります。今回も合流初日にユニホーム、帽子、Tシャツの一式が手渡されました。

驚いたのは7種類の帽子があったことです。こちらではマイナーでもイベントがたくさんあり、日によってユニホームも変わることがあります。それに合わせて帽子も変わるのです。いろいろなデザインの帽子を被れる、まあそれも楽しみの1つかもしれませんね。

また、僕はこちらでは背番号、名前のついたユニホームは着ずに、チームシャツ（チーム統一のパーカーやTシャツなど）を着て試合に参加しています。メジャーの映像を見た方ならイメージできると思いますが、試合中グランドに立たない監督、コーチ、選手はほとんど上のユニホームを着ていません。その辺りは日本と違ってラフ

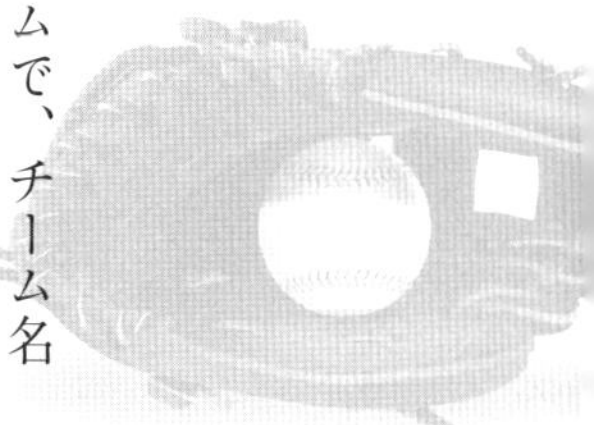

な感じですね。選手のスパイクも日本のように統一されておらず、いろいろなデザインやカラーのものを履いています。

それから、メジャーでは異なりますが、マイナーでの試合前の練習時は、ピッチャーがピッチング練習するとき以外に下のユニホームを履くことは滅多になく、主に短パン、Tシャツの格好で練習しています。ある日、僕が球場に着くと監督から、なぜかいつもと違う短パン仕様の下のユニホームを渡されました……。

「今日は監督、コーチ、スタッフは、このコスチュームで練習するぞっ！」

ラフでありながらアメリカンなコスチューム（？）を身に纏い、練習に参加しました。練習終わりに記念撮影までバッチリ決めて。

ユーモラスというか、リラックスムードをあえて演出する。こういう雰囲気作りのうまさを感じました。日本では試合前の練習時から少し張り詰めた雰囲気があることも多く、正直少し疲れてしまうこともあると思います。

これは日本流の「試合と同じレベルの練習を積み重ねる」「常に真剣に集中して練習に取り組む」ことによってレベルアップを図る、という意識から来ているように思います。そういう意味では日本は日本の良さがあると思うし、すべてをアメリカと同じようにすることは、日本人の習慣や価値観には合わないことも多々あるでしょう。

ただ、やはりこうした気持ちの切り替えは必要だと思います。僕が大学生の頃に日本代表チームの一員として、初めてアメリカに来て真剣勝負をしたときに感じた、「試合が楽しい！」という感覚。

それは笑いの出る楽しさではありません。もちろん、プレッシャーがないわけでもあ

コスプレして記念撮影

りません。むしろプレッシャーはよりすごかったくらいです。

あんな感情が湧いてきたのは、「スイッチのオン・オフ」というような「気持ちのメリハリ」がはっきりしているからなのではないか、と思うようになりました。その日の一番大事な仕事に最大限集中できるよう、そうではないときにいかにリラックスできるか。長い時間集中し続けることは難しいし、それがうまくいかないと、集中しなければいけないときに疲れてしまいます。これはもったいないことですよね。


日本人はこうした切り替えが苦手なように思います。日本人独特の考え方なのか、練習のときに笑っていたら「気を抜くな」とか「集中しろ」と言われます。練習から少し張り詰めているので、その後の本番ではすでに少し疲れている状態です。人間の集中力は最大でも3時間くらいしか続かないという研究もあります。

それに、日本ではどうしても「練習はとにかくたくさんしたほうがいい！」という雰囲気があります。これも見直さなければいけないように思います。

スポーツには心技体が必要です。

まず体力がなければ、技術の習得も満足にはできません。体力を養うためにはたくさんの練習も必要です。しかし体力が上がり、技術が上がったとしても、本番で体が疲れている状態だったら、良いパフォーマンスを出せない。コンディショニングはすごく大切なことです。自分の体を思い通りに動かせられるように準備するためには、練習するばかりではなくて、ちゃんと休んで回復させる時間も必要なのです。

それと同時に、「気持ちのコンディショニング」もあります。心技体の「心」の部分。

メンタルを回復させることもパフォーマンスに影響する大切なことです。心の状態が良くなかったら、絶対にパフォーマンスも良くなりません。

例えばこのような例もあります。

ピッチャーがある日完封をして、お立ち台[※82]に立った。家に帰っても興奮して寝つけない。普段8時間寝ているのが、結局4時間しか眠れなかった。でも、朝起きたら、すごく元気です。気分が良いときは、寝ている間に疲労を回復させるドーパミンというホルモンが分泌されるからです。

逆のパターンで言うと、完全にKOされた日に落ち込んだまま10時間寝たところで、次の日は体が重たいのです。ドーパミンが出ないので、いくら寝ても疲れが取れませ

※82 プロ野球では、試合後に活躍した選手が、グランドに残りインタビューに答える。この際に専用の台が設けられることからつけられた通称

ん。似たような経験が、誰にでもあると思います。

それくらいメンタルは体調の良し悪しに影響しますし、その体調がパフォーマンスを大きく左右することは誰にでもわかっていることです。つまり、心技体のすべてが整った状態を作ることがすごく重要なことなのです。僕の場合も、現役時代に成績を残せなかった時期は、頑張り過ぎて気持ちが疲れているときが多かったように思います。

コーチとしても、選手の気持ちをいかに楽にしてあげるか。やるときとやらないときの切り替えを大切にしています。

「プロは、24時間365日、野球のことを考えなきゃいけないんだ」といった教えがあります。練習を頑張らない人に関しては当てはまると思うけれど、逆に考え過ぎるタイプの選手には、「やるときはやる、遊ぶときは思いっきり遊んで、野球のことは一切忘れなさい」と言っています。

もちろん選手それぞれに置かれている状況の違いもあります。いまは試合以上に練習が重要となる選手もいれば、試合に合わせてコンディション調整が必要な選手もいます。それを各々の選手の状況に応じてマネジメントしていき、取り組ませていくことが、コーチとして大事な仕事の1つではないかと思います。

このように、いままでの自分のコーチングとも照らし合わせながら、「より良いもの、より良い環境」をいかにして与えられるかを僕はいつも考えています。

アメリカでは技術以外のこういう部分でもすごく勉強になっていますし、「いままでの自分自身への答え合わせや、理論の整理にも繋がっているな」と、実感する日々を送っているのでした。

僕が学んだこと

- ☑ 大事なことに集中するために「スイッチのオンとオフ」が必要
- ☑ 意識的にリラックスモードをつくることも大事
- ☑ パフォーマンスを最大限発揮するためには、「心と体」の回復が不可欠
- ☑ 選手それぞれの状態や状況に応じたマネジメントが重要

有原航平投手との約束

２Ａではいつもバス移動でしたが、３Ａでは飛行機で移動することができます。

３Ａに合流して初めての遠征は、テキサス州西側、メキシコ国境すぐ近くのエルパソという街でした。僕は初めて行く街でしたが、街中ではスペイン語があふれていますし、球場の演出やファンの盛り上がり方も含めて、「ここはもうほとんどメキシコみたいなもんなんかな？」と、いつもと違う雰囲気を感じました。

そのエルパソを本拠地としているのは、サンディエゴ・パドレス傘下の３Ａチーム「エルパソチワワズ」。日本ではなかなかないネーミングセンスですよね。チワワのかわいいイメージとは違い、マスコットキャラクターは勇敢（？）な感じで、ギャップがありました（笑）。

またチーム名のかわいさに似合わず、とても強いチームでした。その第２戦で、有原投手が先発することに。

シーズン開幕時は僕が2A、有原投手が3Aに所属となりました。スプリングキャンプが終わったときに僕は、「7月になって俺が3Aに合流するときには、有原はメジャーに上がっていて、会わないようにしようなあ！」と、声をかけていましたが、残念ながら会うことに……。

それでも同じ日本人、同じパ・リーグ[※83]のライバルチームで戦った相手として、こうやってメジャーに挑戦し、マイナーでも頑張っている姿を見ると誇りに思います。僕も彼のために何とか少しでも力になりたいなと強く思いました。

そして、登板当日。

※83 日本のプロ野球はセントラル・リーグ（セ・リーグ）とパシフィック・リーグ（パ・リーグ）の2リーグ制で行われる

試合開始直後、いつものようにベンチで試合を見ていると突然監督に呼ばれました。

「今日、コウヘイ（有原投手）がピンチになったら、シンジにマウンドに行ってもらいたいんだ！」

「Ok！I got it！（任せてください！）」と、即答したのですが、内心驚きました。

「ええっ!?　マジで!?　いきなりこんなの想定外やわ！　ちょっと緊張するかも……。でもこんなチャンスは滅多にないし、それはそれで楽しみやな！」

この日は投手コーチが所用により不在で、カバーに来ていたほかの投手コーチもたまたまこの日だけ所用ができたこと、なおかつ同じ日本人だったらマウンドに行っても話がスムーズにできるだろうという監督の配慮がありました。

ただ、投手コーチがマウンドに行くということは、ピンチの状況ということです。

僕は彼には、「今日試合で何かあれば僕がマウンドに行くことになったけど、そうならないようにね」と話しました。

試合は有原投手が3回まで無失点。「今日は僕の出番はなさそうやな…… それはそれでちょっと残念かも（笑）」と思っていたら、続く4回に2本のソロホームラン※84を含む連打でピンチとなり、そこで僕がマウンドに行くタイミングが来たのです！

僕は監督に「マウンドに行ってきます！」とだけ伝えて、主審にタイムを取り、マウンドに上がりました。ピッチャーのほかにキャッチャーや内野手がマウンドに集まります。そこでは大したアドバイスはしませんでしたが、間を取って少し気持ちを落ち着かせるのと、ピッチャーとキャッチャーに次からの打者に対しての打ち合わせ

アメリカのマウンドに初登場

※84 ランナーがいない状態で打ったホームラン

をさせるという僕なりの目的がありました。

その後試合再開し、結局そのピンチを踏ん張って無失点で乗り切り、チームも見事に接戦をモノにして、彼も勝利投手となったのです。僕が少しでもこの勝利に貢献できていたとしたら嬉しいですね。

昨年のいま頃はホークスの2軍戦でマウンドにはしょっちゅう行っていましたが、まさか今年、アメリカの公式戦でマウンドに行くことになるとは想像もしていませんでした。今回はたまたまの事情が重なって僕にその役割が与えられましたが、結果的にはすごく良い経験ができたと思います。アメリカに来て初めて、試合で投手コーチとしての仕事をした感覚になり、充実感に浸った思い出の1日となったのでした。

ほかにも、有原投手にはいろいろと貴重な経験をさせてもらいました。

これまでは2Aのチームの中で、昨年まで僕が見てきた日本人選手のレベルとも照らし合わせながらいろいろと考えてきました。そこで僕が感じた疑問や、もしかしてこうではないか？　という仮説みたいなものなどを、実際プレーしている彼に確認することができたのです。

もちろんこれまでも通訳を通して、選手たちにできる限り質問はしてきたのですが、やっぱり自分の言葉で、自分のニュアンスで話せる同じ日本人との話は濃くなるものです。いろいろと僕の中で答え合わせのようなものができたり、また彼も僕に質問してくれたりと、会話が僕にとってすごく有意義で本当に楽しく感じました。

そして日本でコーチをしていたときのように、有原投手の投球を見て、「こうしてみてはどうか？」とアドバイスすることもありました。「少しでも力になりたい！」という思いで接していましたが、彼が実際にアドバイスを聞いてくれたおかげで、結果的には僕の中にある理論の整理になったり、「やっぱりこれは間違っていなかった！」という密かな自信に繋がったりして、本当に貴重な時間となったのです。

僕の中で一番衝撃だったのは、3Aに来て有原投手と初めてキャッチボールをしたときでした。それまでスプリングキャンプを含めた約4カ月間、こちらの選手を相手にキャッチボールをしてきたのですが、球は強いし、変化球も鋭い、正直球を捕るのが怖いなという印象でした。

しかし久々に日本人ピッチャーである彼とキャッチボールしたときに、まったく違う感覚が表れたのです。彼の球は実際のスピードはそれほど速くなかったのですが、軽く投げているように見えて、手元でビュッと伸びて速さを感じる。また、こちらの選手とは投げる球の出所が違って見えて、最近では見たことのない球のような感覚になり、球を捕っていて僕はまた違う種類の怖さを感じました。捕る側が怖いと感じるということは、当然その球を打つ打者にとって打ちにくいということでもあります。

ここで技術的な詳細は書きませんが、僕の中で「これだ！」という確信を得られたことが多々ありました。なぜ、明らかにスピードが落ちるピッチャーの球に怖さを感じたのか、日本人ピッチャーの良さは何なのか、日本人ピッチャーが体格やパワーに劣る中で活躍していくための条件みたいなものが自分の中でどんどんと整理できて、いままでの持論がすべて繋がっていくような瞬間の連続でしたね。

もうこれだけで、「自分はここに来た意味があった！」と思えたし、また「これまでの経験を得た中での、このタイミングやったからこそこういう感覚が得られたんやな。なんて運が良いんや！」と感じずにはいられませんでした。

そして有原投手は、僕が3Aに合流して約1カ月後の8月16日、昨年以来となるメジャー再昇格を果たしました。今季メジャー初登板となる先発では93球を投げてまずまずの投球。その後すぐに今季マイナーでも経験していない中4日[※85]で2試合目の先発と、日本ではあまり考えられないようなタフな起用になりました。

しかし、そのタフな2試合目の先発でも、彼はあっさりと順応して投げて見せました。完封ペースと思わせるほどの素晴らしい投球で、今季メジャー初勝利を果たしたのです！

日本人がメジャーリーグ（アメリカ）で活躍するためには、日本とは違う環境や条件、そして文化や価値観の違いへの順応がまず重要です。いろいろな場面での価値観の違いが一番大きなことであり、それが多くのストレスのきっかけになると感じています。いままで自分が過ごしてきた環境とは違う中で、有原投手の心身のタフさを感じましたし、尊敬すら覚えました。

僕は少しの期間でしたが、彼がマイナーでの厳しい環境の中、自分の思い通りにいかず苦しい思いをしている姿も見てきました。メジャー契約の40人枠から外れた今季、またメジャーで投げるためには40人枠（メジャーベンチ登録は1試合26人）に入らな

※85 登板と登板の間が4日空いているとこと。日本では6日空けることが多い

いといけません。これは想像するよりもかなり大変なことです。

誰かが40人枠に入るということは、誰かが外れるということ。日本の1軍と2軍の入れ替えのような単純なものではなく、シーズン中に40人枠から外れるのは、故障者リストに入るか、「DFA」[※86]になるかです。DFAとはいったん戦力外通告を受けて自由契約になることです。これでほかの球団との交渉や移籍ができるようになり、それでも移籍しないとなった場合は、マイナー契約で残るという形になります。簡単に言うと、この40人枠の入れ替えには誰かを入れるためには誰かをクビにしないといけないという、かなりハードルの高い条件があるのです。

簡単にはメジャー昇格できない状況でありながら、有原投手は投げやりにならず、しっかりと自分と向き合い、周りに惑わされることなく道を切り拓きました。この精神力は誰でも持ち合わせているものではないでしょう。大きな壁を乗り越えた彼にとっては、技術以上に得られたものがあったのではないかと思いました。

また僕はメジャーの試合はスタンドからしか観たことがありません。ベンチに入って観るのとスタンドから観るのとでは、選手に対しての感じ方がまったく変わります

※86 Designated For Assignment

し、コーチ目線で選手の本当の実力は知ることができないと思っています。いわば、僕はメジャーのレベルを「生」で体感することができないのです。

しかしほかの選手も含め、これまで一緒に過ごしてきた選手がこうやってメジャーで戦う姿を見ることができて、少しでもメジャーのレベルを想像、実感できるようになったことも僕にとって本当に重要なことでした。

こうして、僕は運良く有原投手と出会えたことでたくさんのことを学び、さまざまなことを体感できました。

「本当にここに来れて良かったな」
「これまでの恵まれていた環境を捨ててでも、ここに来た価値があったな！」

改めて満足感を得られたのと同時に、いままでの自分のすべてが繋がっていくような気がしたのでした。

僕が学んだこと

- ☑ 仮説検証は実際にプレーしている人に聞くことが効果的
- ☑ 日本人ピッチャーの優れている部分とアメリカで活躍するための条件
- ☑ 成功のためには環境の変化に対する順応が不可欠
- ☑ 思い通りにいかなくても、投げやりにならずしっかりと自分に向き合い、周りに惑わされることなく自分のペースを貫く精神力こそが、大きな壁を越えるカギ

成功する選手の3つの条件

メジャーでも日本でも、たくさんのプロ選手がいます。プロになりたくてもなれなかった人はもっとたくさんいます。その中でも、成功する人がいる。その共通点を3つ考えてみました。

①ペースを乱されても対応できる

いまの選手たちは本当に知識が豊富です。知識が豊富なゆえに自分で計算してしまう。だから、計算外のことが嫌いで、それに対して脆い選手が増えたように思います。

でも、スポーツには相手がいます。セーフティバント[※87]でペースを乱してくるかもしれない。打席を外してペースを乱そうとしてくるかもしれない、相手ベンチから野次が飛んでくるかもしれない。自分のペースでやりたくてもできません。

「ブルペン[※88]エース」と呼ばれる人がいます。練習ではすごく良いピッチングをするの

※ 87 バントには打球を転がし自分がアウトになる間にランナーを進める「送りバント」があり、対してセーフティーバントはヒットを狙ったバント
※ 88 球場内にある投球練習場。登板前のウォームアップなどに使われる

に、試合本番になったら全然パフォーマンスが出ない。これは、自分のペースが乱されているわけです。

コーチとしては、ペースを乱されても自分のパフォーマンスが出せるように、練習で「わざとペースを乱すこと」をすることがあります。例えば1000本ノック。実際に1000本もしませんが、ヘトヘトになるまでやります。どこに打球が来るかわからない、いつ終わるのかもわからない。

昔は、こんなことばかりやらされていました。問題視すべき部分もありますが、これが自分のペースでなくてもどんな状況でも自分のパフォーマンスを発揮する、いわゆる「火事場のバカ力」を育てることにもなります。それほどの成績を出してなかったのに、日本シリーズ※89のような大舞台でいきなり完封するといった選手が昔はよくいたのです。

もちろんいまは、選手に説明して納得してもらった上でやらなければいけない時代でもあります。しかしペースを乱されたときに脆いとわかった選手に対しては、その意図を伝えた上でやらせます。「君はペースが乱されるとすごく弱い。それでは試合

※89 日本選手権シリーズ。セ・リーグとパ・リーグの代表チームによる戦い。この勝者がその年の日本一とされる。

でパフォーマンスが出ないから、こういう練習をする」と。

それに、「嫌だな」「なんでやらなきゃいけないの？」と思ったことを、「何も理由もわからずに、納得できないまま、まずがむしゃらにやってみなさい。無条件にがむしゃらに取り組める自分も作ってみなさい」とも言います。その上で、「それも自分がもっと大きく成長するための練習になるから」と説明をします。

こうした練習をすることで、だんだんと自分のペースが乱されたときにも力を出せるようになり、本番に強い選手になるのです。

②失敗をしても、落ち込まずに這い上がれる

昔、よく選手にこんな話を伝えていました。

藤川球児《ふじかわきゅうじ》投手※90がまだ阪神タイガース※91の主力選手になる前、ファームから1軍に上がって失敗を繰り返していたとき、その様子を見たチームメイトの金本知憲《かねもとともあき》選手※92の言葉が新聞に載りました。僕はその言葉がすごく印象に残っています。

「藤川は100回続けて失敗したとしても、誰か投げたい人はいるかと手を挙げさせ

※90 ストレートを武器に阪神のリリーフエースとして活躍。メジャーリーグでも活躍し、阪神復帰後に引退
※91 兵庫県西宮市を本拠地とする、プロ野球球団。セントラル・リーグに所属
※92 「鉄人」の愛称で知られ、強打者として活躍。引退後は阪神の監督などを務める

たら、真っ先に手を挙げる。そういうやつだ」

僕だったら無理だと思います。どんな人でも、失敗が続けば次に失敗するのが怖くなりますよね。藤川投手はそれすらも超えていく。チャレンジしていく。失敗を恐れない精神があります。だからこそあれほどの一流選手になれたのだと勇気をもらえたような気がしました。

藤川投手の例は特別だとしても、トライ&エラーの姿勢は欠かせません（「トライ・アンド・エラー」は和製英語ですね。本来は「トライアル・アンド・エラー」です）。アメリカは新しいことにどんどん「トライ」します。それには「エラー」がつきもので、それを許容する文化です。

例えば僕が上の立場のコーチに「こういうことを試してみたい」と言ったら、「どんどんやれ」と言ってくれます。おそらく失敗するとわかっているときもあると思いますが、「まずやってみなさい」と言われる。そこでエラーが出たら、それを改善してまたトライすればいいのです。そうして成功と失敗を繰り返し、どんどん進化していくのでしょう。

日本には、やっぱり失敗を責められるような雰囲気がありますよね。こちらでは、失敗しないことよりもチャレンジして成功を求めていく。もちろん結果に対するフィードバックはありますが、失敗を責められない。だから新たなことにチャレンジする勇気が湧くし、それがアメリカの進化し続ける要因だと思うのです。

また、そうして過ごせる環境だからこそ、日々が楽しいと思えるのかもしれません。

③自分で考えて行動できる

これはもう完全に共通しています。

与えられたメニューをこなすだけで一流選手になった人は、1人もいません。もちろんコーチは「このやり方でうまく成長させられるだろう」という計算をして練習メニューを与えますが、完璧に個人個人の成長を計算したメニューを与えることはできません。仮にできたとしてもコーチの想像を上回ることにはなりません。

劇的に変化する人というのは、そのメニューをやった後で、さらに自分の時間を大切にしています。与えられたものだけで満足せず、人から与えられたものとは別に、自分の時間で考える。

ただ、「考えるだけの人」も結構います。考えることはできるが実際の行動が伴っていない人も多いと感じます。自分で考えた上で行動に繋がっている。そうした人は、間違いなく伸びていきますし、コーチの想像を上回るような劇的な成長を見せるものです。

僕が学んだこと

- ☑ 敢えてペースを乱す練習をすることで、思い通りにいかないタフな状況や予期せぬ状況でも力を発揮できるようになる
- ☑ 「トライアル＆エラー」の精神。失敗を恐れずチャレンジする。失敗したら改善してまたトライすればいい
- ☑ 与えられたこと以上に、自分で考え、行動できる人が劇的な成長を見せる

「やっと俺の出番が来たぜー！」

今回の武者修行の大きな楽しみの1つが、ドミニカでの体験でした。

ドミニカには、メジャーリーグ30球団すべてのチームがアカデミーを持っており、ドミニカの選手を中心にベネズエラ、メキシコ、コロンビアなど近隣国の若い選手の登竜門的な存在です。

僕は、ドミニカにあるレンジャーズのアカデミーにそれぞれ約2週間の期間で、2度ほど滞在してきました。ドミニカには大学時代とウインターリーグで2度行ったことがあったのですが、メジャーリーグ球団のアカデミーはもちろん初めてです。

その様子を紹介する前に、まずはドミニカアカデミーとはどういうものかを説明していきたいと思います。

「アカデミー」と名前がついていますので、僕のイメージは「学校」でしたが、まっ

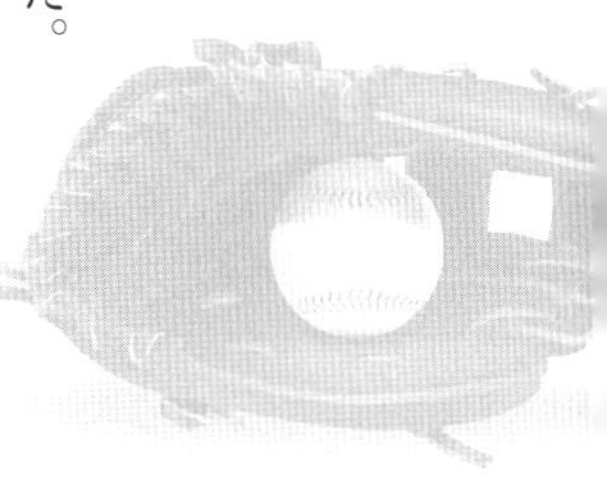

たくそうではありませんでした。選手たちは、れっきとしたプロ選手の集まりなのです。

アメリカ人以外の外国人選手は、メジャーリーグのドラフトに関係なく入団します（日本人選手もそうですよね）。ドミニカを中心とした「ラテン系」の選手の場合は、アマチュア野球チーム、草野球、民間の野球塾といったところでプレーしているところがスカウトの目に留まり、契約するという流れになります。また頻繁にトライアウトも行われており、選手はチャンスをもらえる機会が多い環境にあります。契約に至った選手は、大金ではないですが、契約金も給料も受け取りプレーしています。

また年齢は16歳から21歳くらいの選手で、練習後に行なわれるさまざまな授業を、施設内にある教室で受けることができます。野球だけでなく、しっかりと一般教養を教育していくということも、若い選手を預かる球団にとっては大切な義務なのかもしれません。そういう意味では、学校という側面もありますね。

ドミニカに行ったことがある人ならわかると思いますが、貧富の差が大きく、街はどこも日本のように綺麗というわけではありません。全体的に見て、まだまだ裕福な暮らしができる人は限られていると思います。

そういう環境で野球の人気はずば抜けており、男の子ならみんな当たり前のように野球を始め、まずは全員プロ野球選手を目指すという雰囲気だそうです。「早くプロになってお金を稼ぐ！」という強い意識を持っているように感じました。

野球がうまければ16歳からでも、ドミニカの中では比較的高い給料がもらえる。そのモチベーションがハングリー精神にも繋がり、貪欲な取り組みになっているのだと思います。

そしてドミニカには、日本人では考えられないほどに身体能力が高く、一目見て「本当にすごい！」と言える選手もたくさんいます。中には、16歳ですでに数千万円、数億円の契約金を手にする超有望選手もいるのです。

いまアメリカのメジャーリーグでは、アメリカ人以外の外国人選手が30パーセントほどいて、その中でもダントツで多いのがドミニカ人選手です。年間何億、何十億円と稼ぐスーパースターも多く輩出しています。ほとんどの人が稼ぐことのできない大金を手にする可能性が、身近にあるのです。ドミニカ人にとって、誰もが夢を目指せる職業が野球なのです。

アカデミーでは、メジャー30球団すべてが広大な土地に総合施設を持っています。3~5つほどのグランド、ウエイトルーム、宿泊施設、食堂など、すべて施設内で練習や試合、生活ができるようになっています。治安の問題もあるので、施設はすべて柵で覆われており、各出入り口には24時間体制で銃（？）を持ったセキュリティが配置されています。

僕もこの施設内の寮に宿泊させてもらえて、食事も寝る場所も安心でした。しかもレンジャーズのアカデミーの施設は、2019年11月にできたばかりで、大きくて綺麗。本当に気持ち良く快適に過ごすことができました。

小さな国でありながら、野球大国であるドミニカ。そして数々のスーパースターを生んだ環境、未来のスーパースターになり得る若い選手を自分の目で見て、肌で感じられることが、楽しみで仕方がありません。

アカデミーへの1度目の訪問は、ようやくアメリカでの生活や環境に慣れてきた5月中旬でした。ドミニカに行く前には、マイナーにいるドミニカ出身の選手たちに、簡単な挨拶や言葉を教えてもらって最低限の準備をしていきました。そう、ドミニカはこれまで僕が苦労に苦労を重ねた英語ではなく、スペイン語が言語となります。

先に書いたように、僕は以前ドミニカで過ごしたことがあるのですが、スペイン語は簡単な挨拶と数字くらいしか覚えていませんでした。「あー、また言葉の壁を感じる日々になるんかー」と少しストレスもありましたが、行ってみると思ったよりストレスは感じませんでした。

なぜならメジャーリーグで活躍するためには英語を話せることも大切なスキルとなるので、コーチ陣やスタッフに英語を話せる人が多かったからです。それに、ネイティブではない人同士だと、お互いがカタコトの英語なので、意外にもうまく通じている気がしましたね。

ドミニカに着くと、チームスタッフのアンヘルさんが空港に迎えに来てくれ、施設に行く車中では（英語でしたが）日本のことで話が弾みました。彼は日本の歴史や文化に興味があり、日本のアニメなどもよく見ていたそうです。共通の話題があったので、思いのほか会話が続きました。

新たな環境でのこれからの生活に少し緊張や不安もあったのですが、楽しくおしゃべりできたので一気に気が楽になりました。

「こういうときに、優しくコミュニケーションを取ってくれる人がいると、自分を救ってくれるよなあ……」と、改めて大切なことを実感したように思います。


そしてチーム合流初日。

ドミニカアカデミーでも朝は早く、6時からコーチスタッフミーティングが始まります。早速コーチ陣スタッフ1人ひとりに挨拶をしていくと、みんなすごくフレンドリーで優しく受け入れてくれました。またスプリングキャンプで会ったコーチが何人もいたので、想像していたよりスムーズに合流できましたね。

その後ミーティングで選手のコンディショ

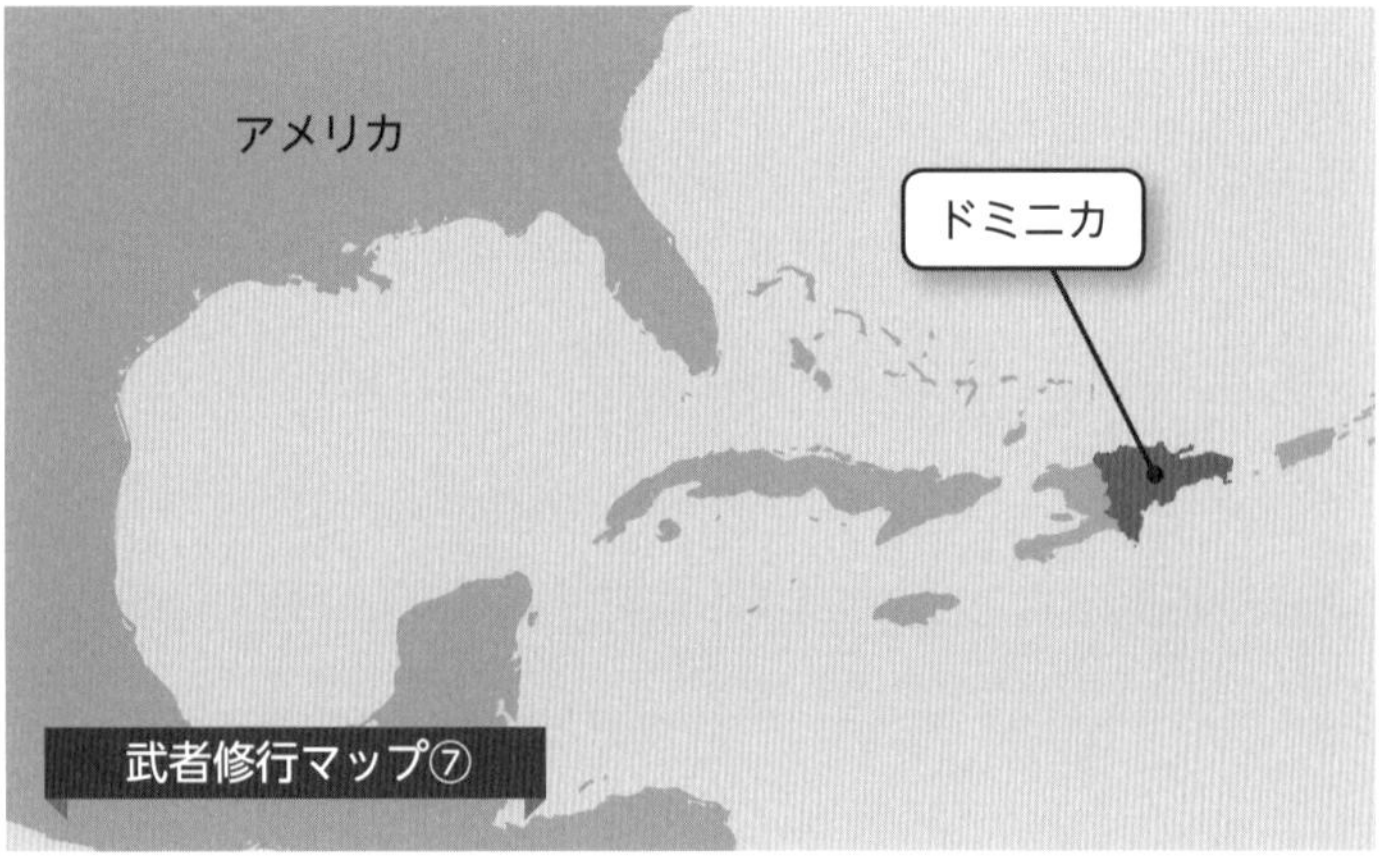

ンの確認、今日の流れの確認や前日の反省などをしてから軽く朝食を摂り、いよいよ練習が始まりました。

僕は、まずは周りをよく観察することから始めようと思っていましたが、初日から早速指導してほしいと、同僚のリカルド投手コーチから言われました。

「シンジ、ここでは気づいたことがあれば何でも話してくれ。そして選手にどんどん教えてあげてほしい」

これには想像していなかったので少しビックリしました。

これまで僕は研修扱いで、あまり指導をできる立場にはありませんでした。しかし、僕もここまでアメリカで野球を見ていろいろな指導方法も経験したことで、早く指導したいなと思い始めていたところでした。野球の技術をアドバイスすることにウズウズしていたこともあり、「やっと俺の出番が来たわー！」なんて思いながら、リクエストがあった選手に対してだけですが、自分のできる限りのアドバイスをしていきました。

そこでは僕のカタコトの英語を、英語の話せるスタッフがスペイン語に訳すという、よく考えるとすごい構図ですよね。どちらもカタコト同士なので、選手に伝わるときには「伝言ゲーム」みたいになって違う意味になっていたりして……。

ピッチングフォームや球種など、何人かの選手にアドバイスをしていると、もう選手の目の輝きがすごいのなんの！　本当に素直で、スポンジのようにどんどん吸収していく。僕は教えることに飢えていたのですが、選手たちは教わることに飢えているかのようでした。

ドミニカではアカデミーに入るまで、誰かに本格的に技術を教わるということがほとんどなく、自分の感覚だけを頼りにプレーしているようなものです。それでも投手は150キロ前後の球やすごい変化球を投げたり、打者は打球を遠くへ飛ばしたりします。こんな素材の選手がしっかりとした指導を受けたときに、どれくらいのレベルになるのかと、想像しただけでワクワクしますよね！

僕はいままでの自分の思いを発散するかのように、アドバイスしていきました。そして技術向上のために指導するということがこんなに楽しくもあり、やりがいのあるものだと改めて実感しました。「やっぱり僕はコーチがしたい！」という感情が自然に湧いてきたのと同時に、久々に「心の底から本当に楽しい！」と思えました。

さて、毎朝のコーチスタッフミーティングでは、監督とその場にいるスタッフ全員の出身国の挨拶で始まります。

「ブエノスディアス（スペイン語）、グッドモーニング（英語）、アンニョンハセヨ（韓国語）、おはようございます」

朝から雰囲気を和ませてくれます。

本格的にドミニカアカデミーの生活が始まり、選手のみんなも少しずつ僕のことを認識し始めました。何人かの選手に直接指導しているのを見たほかの選手から「俺のキャッチボールを見てくれ！」などと声をかけられることも増え、選手たちとのコミュニケーションが増えていったので、僕自身もどんどん楽しくなっていきました。

ドミニカアカデミーの選手たちの目標は、当然ここでプレーすることではありません。アメリカのメジャーリーグで活躍することを夢見て頑張っているのです。しかしそんなに甘くないのもこの世界です。このアカデミーで活躍を認められ、傘下のマイナーリーグに行くための切符を手にしないと、スタートラインにすら立てないのです。

ピッチャーだけで50人ほどの選手がいて、その中から選ばれるのが毎年5～10人くらいという狭き門。少しでも早くレベルアップしてアメリカに行きたいと、みんな本当に貪欲ですね。

ドミニカでは6月から8月までの3カ月間にアカデミー同士の公式戦があり、そこでどれだけ活躍できるかで評価されています。また頻繁にトライアウトが行われ、新

ドミニカアカデミー

しい選手が入ってくるのと同時に、伸びしろがないと評価された選手はクビになっていくという厳しい現実もあるのです。

アカデミーはまだまだ若く精神的にも未熟な選手が多く、全員が宿泊施設の寮に住んでいるので、いろいろなことがよく起こります。練習への取り組みや私生活に問題があるなど、コーチやスタッフも頭を悩ませることがあります。何度か練習前の早朝から選手全員が集められて、寮生活でのルール、野球に取り組む日々の姿勢などについて説教のような話を監督から受けていました。やっぱり国が違っても教育するということは同じなのだなと実感しました。

練習内容や日々のコンディションもしっかりと管理されているし、何もわからない選手をそのまま放っておくということはありません。

ここでは独り立ちするために、「与えること」と「考えさせること」のバランスをうまく取っているように感じました。やはりこういった教育の仕方も大事ですよね。

僕もこの環境で、ここにいる間に何か少しでもみんなの力になれるよう頑張りたいと改めて思いました。

アカデミーの選手は、まだまだ荒削りな選手が多いのですが、信じられないくらいの能力がある選手もたくさんいます。

ピッチャーでは、当然のように150キロを超えるストレートを投げる選手が多く、中には160キロを投げる選手もいて本当に驚きました。試合でそのピッチャーが投げるとバッターはまったく打てないことも多かったのですが、コントロールにバラつきがあったり、精神的にも少しムラがあったりして、パフォーマンスの波も大きかったですね。

それでもこのピッチャーがここで経験を積み、精神的に成長したら近い将来メジャーリーガーになれるかもなと、すごく楽しみな可能性を感じさせてくれました。

また全体的には、カーブが素晴らしいピッチャーが多いというのが印象的でした。スタッフに聞いたところ、ここではカーブの良さが必須条件でもあるそうです。日本ではそれを重要視していると聞いたことがなかったので、日本との評価基準の違いなども知ることができて本当に勉強になりました。

試合を見ていく中で、数人の選手は僕が教えたこともあり、試合でのピッチングもすごく気になりました。少しでも手応えを掴んでくれたり、結果が良かったりすると僕も一緒になって喜んだものです。

そんな1度目のドミニカアカデミー訪問もあっという間に時間が過ぎました。短い期間でしたが、それでも慕ってくれた選手もいて、連絡先を交換して僕がアメリカに戻った後もメッセージのやり取りをすることがありました。もちろん翻訳アプリを駆使しながらのやり取りですが。

2週間の滞在でしたが、離れるのは少し淋しい気持ちになるものです。それだけ楽しい日々だったし、選手との距離が縮まった証拠だと思いました。その淋しさを紛らわせるかのように僕は「また8月頃に来るからね！」と伝え、1度目の訪問は終了したのでした。

僕が学んだこと

- ☑ 「アカデミー」は学校ではなくプロの集まりだった
- ☑ ドミニカにはすごいポテンシャルを秘めた選手がたくさんいる
- ☑ コーチの仕事はやっぱり楽しいと自分の気持ちを再認識できた
- ☑ 教育には「与えること」と「考えさせること」のバランスが大事

選手の夢が、僕の夢に

ドミニカアカデミーへの2度目の訪問は7月下旬となりました。前回の滞在で環境や1日の流れもわかっていたし、仲良くなったスタッフもいるので、不安なく、むしろみんなに会うのが楽しみなくらいでした。

施設に到着すると、選手の多くが僕を覚えていてくれていました。「シンジ！　コモエスタス！」と満面の笑みを浮かべて出迎えてくれた選手が何人もいたのは本当に嬉しかったです。またスペイン語の発音のせいなのか、「シンジ」が「チンジ」に聞こえるのも、かわいく思えましたね。

もう僕も慣れたもので、自分から積極的に選手にコミュニケーションを取ることができました。1度目の訪問の後もメッセージでやり取りをしていた選手のピッチングを、久々に見られるのもとても楽しみでした。

この時期ドミニカでは、メジャー球団のアカデミー同士が対戦する公式戦の最中で、僕が合流した日も試合が行われていました。

こちらの試合ではベンチにいる選手が味方選手を熱心に応援して、チーム一丸となっている印象が強く残りました。味方の選手がタイムリーヒット※93を打ったり、ナイスピッチングをしたりすると、もうそれだけで勝ったかのような喜び方。真剣勝負の中でも「ゲーム」を楽しんでいるようでした。

ラテン系の人々は、生活の中でも音楽が聞こえると自然と手足でリズムを取り踊っています。ベンチでの応援は自然とリズミカルになり、時折歌になって盛り上がります。僕が小学生の野球チームに入っていた頃の応援を思い出して、何か嬉しい気持ちになりました。この習慣がもしかすると、スポーツの中でのリズム感を自然と養っているのかもしれませんね。

こんな雰囲気の試合ですが、いますぐにでもマイナーのチームに合流できるようなレベルの選手もたくさんいました。僕が前回アドバイスを送っていたピッチャーも順調に成長しているようで、少し安心しました。またコミュニケーションも増えていっ

※93 ランナーがホームベースまで進み、得点が入るヒット

たことで、アドバイスを求められることもすごく増えました。

その中で、ある日試合で調子が悪く、結果が散々なピッチャーがいました。僕はいても立ってもいられず、タイミングを見計らって励ましに行きました。そうすると、その選手も僕に話を聞いてほしかったのか、試合直後で興奮はしていましたが、たくさんのことを話してくれました。

僕は当然スペイン語を話せないのですが、「少しでも力になってあげたい！」「気持ちを奮い立たせてあげたい！」という一心で、携帯の翻訳アプリを一生懸命使って、少しでも僕の考えが伝わるように話しました。選手も話し終わった後はスッキリした表情だったので、少しは役に立てたかな？　と思いましたね。

これは僕にとっても貴重な経験になったと思います。ここにいる選手たちのために、まだまだこれからも「少しでもきっかけを作ってあげたい！」と感じたのでした。

こうして選手たちともかなり打ち解けてきたので、会話も野球の話題だけではなくなります。選手が僕に会うたびに「日本語を教えてほしい！」と言い出し、まずは挨拶からいろいろと教えていきました。

そうすると、みんなすごく嬉しそうです。中には少し日本語がわかる選手もいたので、「なぜ日本語を知ってるの？」と聞いたら、日本のアニメの大ファンだということでした。こちらでも日本のアニメは大人気。日本でもお馴染みの『ワンピース』『NARUTO』『鬼滅の刃』もそうですが、『ドラゴンボール』の人気は圧倒的でしたね。

どんどんみんなとの距離が縮まったおかげで、僕も楽しく過ごせましたが、あっという間にここドミニカでの生活も最後になりました。

「もう明日帰るんだよ」と話したら、仲良くなった選手の1人が突然、「あなたのTシャツをもらえませんか？」と言ってきました。あまり気にせず「いいよ！」と渡していたのですが、その後も何人かの選手に同じことを言われます。

聞いてみると、こちらではTシャツや帽子といった身に着けているものを思い出の品としてもらうことが多いそうです。使っていたものを欲しいと言われた経験があまりなかったので、新鮮でしたね。そんな嬉しいような淋しいような気持ちになった最終日でした。

こうして、僕のドミニカでの体験は無事終了。

「彼らがこれからもっと成長して、いつかメジャーリーガーになること」が僕にとっての「夢」にもなりました。別れ際は本当に淋しくて、涙が出そうにもなりましたが、みんなと思い出の写真も撮ったので、少し淋しさが紛れたような気がします。

ドミニカ日記の最後に。

こちらでいろいろと本当にお世話になったホークス中南米担当スカウトであり、昔からの友人ケンタと、YouTubeなどで活躍し、いまや中南米にいる日本人で一番有

彼らがメジャーリーガーに
なれますように

名であろうホンマケイト君との出会いは、僕のドミニカ滞在を本当に楽しく豊かなものにしてくれました。

ケンタからは、中南米で人知れず苦労し努力している話を聞けてすごく刺激になりました。またケイト君の冒険心やコミュニケーション能力には本当に驚くばかりで、僕は尊敬の眼差しで見ていました。

こうやって、日本から遠く離れた海外で頑張っている日本人の姿を見て、僕はまたアメリカで「まだまだもっと努力して頑張らなあかん！」と励まされた気がしました。そして最高のモチベーションで、またアメリカに戻ったのでした。

ただ、あれだけドミニカでの水と氷には注意を払っていたのに、最終日の夜の解放感からか、僕の好きなラム酒を氷で割ってたくさん飲んだため、最後の最後でお腹を壊してしまいました。アメリカに戻ってからも過去に経験したことのないような酷い下痢が1週間も続き、苦しい思い……。これもついでに、良い思い出になったとしましょう。（笑）

ドミニカから戻り、チーム合流前には1週間のバケーション休暇を取りました。

レンジャーズではマイナーにいる全コーチ、スタッフを対象に、シーズン中に1週間の休暇の権利があります。それぞれの休暇が重ならないようにして、ほかのコーチが休暇を取っているコーチのカバーをする。これは家族を最優先に考える素晴らしい制度だと思いました。日本人の僕の感覚では本当に新鮮で、すごく感銘を受けましたね。

このバケーション休暇では、日本から妻と娘がスケジュールを合わせて駆けつけてくれたので、久々の家族水入らずの時間を過ごすことができました。僕の下痢との戦いは続いていましたが……。旅行先のフロリダで久々に野球から離れて心身ともにリラックスできましたし、改めて家族との過ごす時間の大切さを実感できました。

ドミニカ、休暇と続いた後3Aチームに合流しましたが、3週間もチームを離れると、みんなとは久々な感じがしましたね。この間に有原投手もメジャーに昇格してチームにいなかったので、「これで日本語を話すのは完全に僕だけか……」と、急に不安がよぎりました。

しかし、僕の気持ちをよそに「シンジ帰ってきたね！」「どこ行ってたの？」と話しかけてくれる選手も多く、僕の不安はあっという間になくなりました。「またチームに帰ってきたんやあ！」と、ホッとした気持ちにさせてくれました。

3Aでは、日本のプロ野球に助っ人として入団する選手も多く、試合の中でいろいろな選手のプレーやそのレベルを見るのは本当に楽しいものです。また、半分以上がメジャー経験のある選手なので、レベルも明らかに2Aより高く、そのプレーを間近で見られたことはとても良い経験になりました。メジャーのレベルを少しでも体感できた、すごく刺激的な日々でもありました。

そして僕は9月19日から始まるアリゾナでの教育リーグ参加のため、3Aのシーズン最終戦を待たずにチームを離れることになっていました。僕の最終日となる9月15日は、前回も行ったことのある遠征地エルパソでのアウェイゲームでした。チームも3Aのプレーオフ[※94]を懸けた大事な首位攻防の6連戦です。ここに来てチームは連敗していたので、この日はどうしても負けられない一戦でした。

それと同時に、実は偶然にも僕の誕生日でもありました。僕は誕生日を祝ってもらうことに慣れておらず、照れてしまいどう返していいのかもわからないので、誕生日

※94 レギュラーシーズン終了後、成績上位チームで行われる戦い

ということをみんなには黙っていました。しかし、どこで知ったのか、ほとんどの選手やスタッフがすれ違うたびに「Happy Birthday !!」と言ってくれたのです。多分、チーム内の共有アプリか何かで表示されていたのだと思います。

試合ではホームランやヒットを打ってベンチに帰ってきた選手を僕もハイタッチで出迎えます。そのタイミングでも僕に「Happy Birthday !!」なんて、粋なことを言ってくれるではありませんか！　試合中なのに……。驚きとともに、すごく感激しましたね。

この大事な試合の先発は、今季２Ａから一緒に過ごしてきた僕と仲の良いピッチャーでした。２週間程前に昇格してきたばかりでしたが、プレッシャーをもろともしない好投で、チームは快勝したのです。

「試合後には勝って良い雰囲気の中でみんなに挨拶してチームを離れたいな」と思っていたので、一安心しました。

そして、試合後にサプライズが……！

チームが勝利したときには、試合後にロッカールームで勝利の儀式があります。その日のチームMVPに認められた選手がみんなの前で一言コメントして、一口サイズの小さなボトルウイスキーを飲み干す！　というもので、いかにもアメリカらしく、最高に盛り上がる瞬間です。

その儀式が始まると、僕と仲の良かった選手の1人が、「今日はシンジの誕生日だ！　だから今日のヒーローはシンジだよ！」と、サプライズ指名してくれたのです。僕は照れながらもみんなの前に出ていき、挨拶をしました。

「Thank you so much !!　実は日本時間では昨日が15日だったので、日本からもたくさんのお祝いメールが届いたりして、アメリカに来たおかげで2日間も誕生日を祝ってもらえることになりました。そういう意味でも本当にここに来て良かったです」

「それともう1つ、僕はアリゾナでの教育リーグに参加するため、今日でチームを離れます。ここでは本当に良い経験ができたし、この中から1人でもメジャーで大活躍して、僕の日本の友達みんなに自慢するのが僕の願いです！　どうかこれからも頑張ってください。Thank you for everything !!」

この日は通訳がいてくれたこともあって、最初と最後の「ありがとう」の部分の簡単な英語は自分で話し、あとは日本語でしたが、しっかりとみんなに挨拶ができました。僕が今日最終日ということを知らなかった選手もいたので、その後はすごく盛り上がり、拍手やお別れのハグをしに来てくれました。

「俺は本当に選手やスタッフに恵まれたわ。最高に幸せもんや！」

2Aを離れるときもそうでしたが、こんな気持ちになったことは、これまであまり体験したことなかったので、本当に嬉しくてたまりませんでした。最後の最後でまたも素晴らしい経験をさせてもらい、涙が出そうになるほど感激しました。そしてますますチームのみんなと離れるのが淋しくなりました。

しかし翌日からのアリゾナでの教育リーグ参加は、僕にとって今シーズンの集大成になる大事な日々です。僕は感動と淋しさが入り混じった充実感を胸に、気持ち新たに1人遠征地から離れ、武者修行の締めくくりであるアリゾナに向かったのでした。

僕が学んだこと

☑ 悩んでいる相手を救うには話を聞く姿勢が重要

☑ 頑張っている人を見ると自分も前向きになれる

☑ アメリカは何より家族との時間を大切にする

☑ ドミニカでは水と氷に注意

第5章

コーチが選手に与えるべきものは

感激のインストラクショナルリーグ

僕は今年初めてアメリカの球団に入り、たくさん勉強をさせてもらいました。2月のスプリングキャンプからこれまで、2Aフリスコ、3Aラウンドロック、そしてドミニカアカデミーと、誰もができるわけではない経験を得ることができたと思います。大きな充実感を得て、武者修行最終地であるアリゾナ・サプライズに戻ってきました。

ここでの目的は、インストラクショナルリーグ（Instructional League）。若手の教育を目的としたもので、日本流に言うと「秋のキャンプ」です。

参加選手は、ルーキーリーグ、ローA、ドミニカアカデミー、そして今年ドラフトされた選手という、若い選手が中心の集まりです。その中でも、日本と違い7月にドラフトされた選手がサインすればすぐにでもシーズン中のチームに合流できるシステムは本当に良いなと思いました（日本のプロ野球ではドラフトが11月にあり、シーズンオフ明けに新人選手が入団するので、パフォーマンスが落ちてしまったり、体型が変わってしまったりするパターンもよくありましたので……)。

この期間には、練習や試合、そしてたくさんのミーティングがあり、練習の目的意識やテーマもはっきりしています。何を課題として取り組んでいくのかを明確にし、それを試合や実践形式練習で確認。そしてミーティングで投球のメカニック[※95]や投球に繋がる知識、プロ選手としての意識の持ち方などを学んでいきます(練習時間よりミーティングのほうが長い日も多いです)。

これは本当に素晴らしいことだと思います。
普段選手と接する中で伝えることも大事です

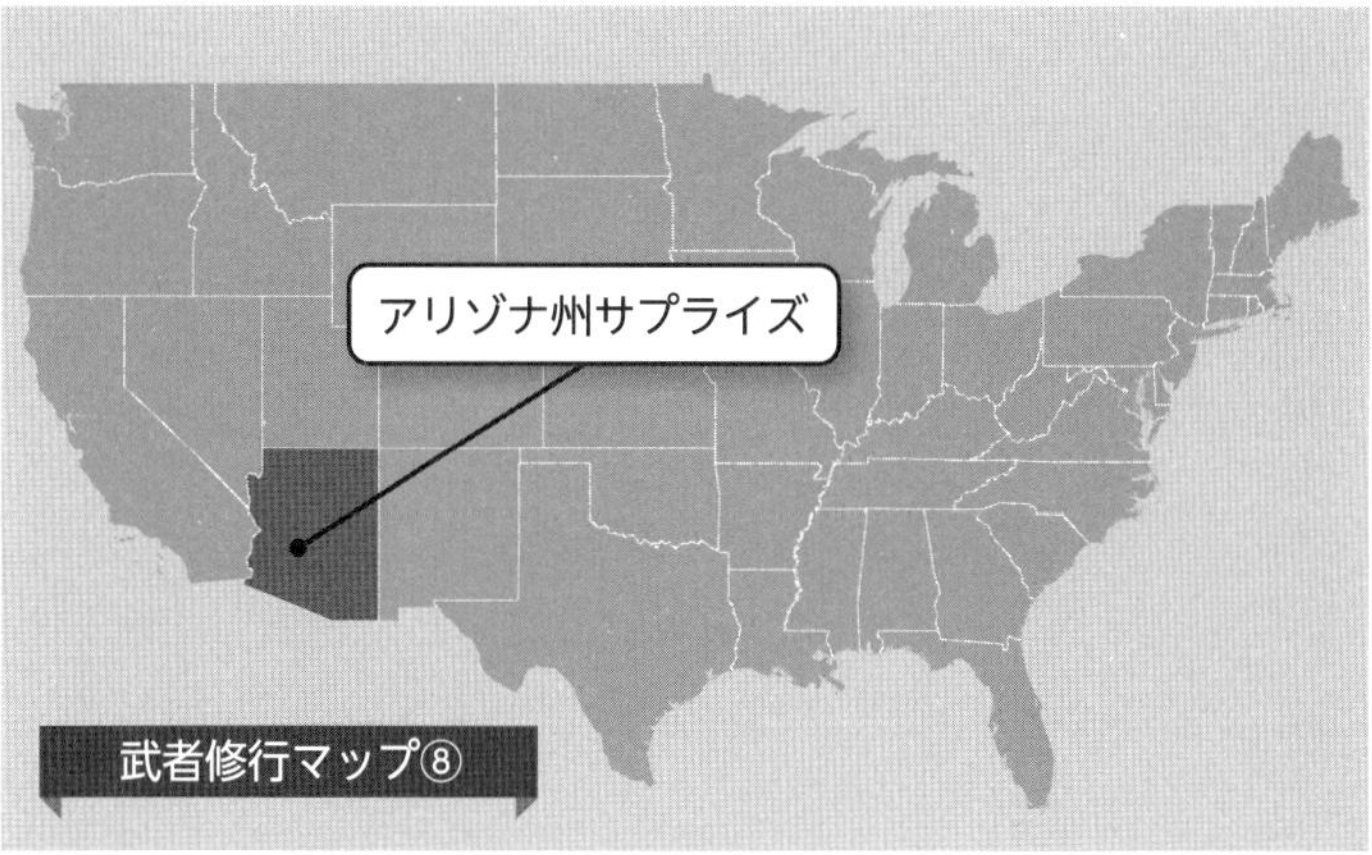

※95 身体の各所の動き

が、ミーティングという改まった形で伝えることで、より選手に響くものがあるのではないかと感じました。

また、このリーグには若いコーチばかりが参加していて、「コーチを育てる」という意味合いもあるそうです。コーチ同士で行うプレゼンテーション、アナリストから学ぶ時間などもあり、僕にとってすごく刺激的で勉強になる毎日でした！

彼らのプレゼンを聞けば、僕よりも明らかに若くて経験が浅くても、日々勉強しているのがよくわかります。内容も資料も、すごくしっかりとしたものでした。

「本当にすごいなあ！」
「自分はここまで論理的に考えたことがあるんだろうか？」
「いかに自分がほとんど感覚だけでやってきたのかがわかる」（まあその感覚の鋭さには誰にも引けを取らない自信はあるけど……）

自分の無知さを知って少し情けなく思えることもありましたが、もっと勉強しないといけないと心の底から奮い立たせられました！　このプレゼンを聞けただけでも「このリーグに参加した価値がある！」と、感激するほどの毎日です。

また、練習においては、「シーズン中にはなかなかできなかったことにも、思い切ってどんどんチャレンジしていこう。アイデアをどんどん出してほしい」とコーディネーターから言われます。選手には当然のことながら、コーチ陣も同様です。

そんな中、このリーグは選手にとって来年に向けたステップアップのためのアピール合戦の場にもなっています。特にドミニカアカデミーから参加している選手は、来年こそはアメリカのマイナーチームで野球がしたい！　と目のギラつきが違います。このリーグは若手選手全員が参加できるわけではなく、来季以降に期待されている選手の選抜なので、ここに来られるだけでも期待値が高いということがわかります。

そんな環境で、僕は今シーズン初めて本格的に投手コーチとしての役割を与えられることになりました。ピッチャーをまとめるコーディネーターから「シンジ、ここでは投手コーチとして思いきりトライしてくれ！」と言われたのです。

これまでは、あくまでも研修コーチという形でしたので、ほとんど投手コーチらしいことはしていませんでした（チームの一員として、見て感じて学ぶだけでもすごく大きな経験でしたが）。

そんな僕に少しでも役割を与えられたということが本当に嬉しかったです。それに、これまでの僕の言動が少しでも認められた証拠だと思うので、「よしっ！　やってやるぞ！」という気持ちが沸々と湧いてきました。その感情は、僕にとって何か懐かしい感覚でもありましたね。

そしてインストラクショナルリーグ初日。

スプリングキャンプやドミニカアカデミーのとき以来に、久々でしたが会ったことのある選手がほとんどだったので、「Good to see you !!（英語）」「Comó estás（コモエスタス：スペイン語）」なんて気軽に挨拶もできるようになり、コミュニケーションもバッチリでした。スプリングキャンプのときにほとんどコミュニケーションが取れなかった自分が、いまとなっては懐かしく感じます。僕もこの期間で少しは成長できたのかな……。

まだまだ少しではありましたが、初日から役割もいただき、コーチとしての一員だという意識を持てたのは、いまの僕にとっては本当に嬉しいことでした。

そしてリーグが始まり数日後、僕は１人のピッチャーの専属を任せられたのです。

「シンジ、今日からはあなたが彼を指導して、改善してあげてください」

彼とは、ドミニカアカデミーから来たピッチャー。僕がドミニカで初めて見たときに大きな衝撃を受けた選手です。ストレートは最速１０３マイル（時速約１６６キロ）を投げ、常時99～１００マイル（１５８キロ～１６０キロ）を投げます。スライダーも良い。わずか19歳にして「こんなにすごいピッチャーがいるんだ！」とビックリしたのを思い出します。

しかし彼は好不調の波が激しくフォアボールを連発するなど、スピードボールを生かすだけのコントロールがありませんでした。また、精神的にも少しムラがあり、集中しているときとそうでないときの差も大きかったのでした。このままではこの素材の良さだけで、成長は難しいのかなとも感じていました。

それでもこれだけのスピードボールを持っているので、当然チームの期待も高いのです。「彼を任せられるなんて。これは大きなミッションになるなあ……」なんて思いながらも、俄然やる気が湧いてきました！


それからは、彼の投球をもっとしっかりと分析して、何がコントロールを悪くしている「根本的な原因」なのかを探し出し、そしてなるべく「シンプル」に伝えるようにしました。キャッチボールやドリル練習[※96]に、つきっきりで取り組んでいきます。

ドミニカではあまり話したことがなく、また彼は人見知りの面もあり、当初はコミュニケーションもぎこちない感じでした。そこで僕はまず、こちらから明るく挨拶をしようと心がけ、とにかくフレンドリーな雰囲気で心を開いてもらうようにしました。

そうしていくと、彼もだんだんと心を開き始めたように感じます。技術面のアドバイスも一発目からハマり、本人も良い感覚を得られたことで、信頼関係が生まれていく瞬間を感じることができたのです。

その証拠に、グランドに来たときには彼のほうから、「チンジー！」（「シンジ」が

※96 特定の動作を改善するためのさまざまな練習方法のこと

こう聞こえます）」と笑顔で挨拶してくれるようになりました。これは大きな進歩です。それまではほとんど彼から話してくることもないくらいでしたから。

そうしている間に、練習での彼は目に見えて良くなっていきました。しかし試合でそのパフォーマンスを出せるようになるには、まだまだ時間が必要です。練習と試合ではやはりメンタル面が異なり、パフォーマンスに影響してしまうことが多いのです。フォアボールで自滅するピッチャーがそうならないまで改善するためには、個人差はありますが時間が必要です。選手の投げる球のコントロールを劇的に改善させることは、世界で最も難しいコーチングと言えます。

日本でもアメリカでも、投手コーチの誰もがいろいろな試みをしていますが、短期間でコントロールが改善する選手は見たことがありません。コントロールを一気に改善するアプローチを確立できたら世界中で引っ張りだこのコーチになれるでしょう。それほど、投手コーチにとってコントロールの改善方法は「永遠の課題」でもあるのです。

しかも彼にはメンタル面も含めてたくさんの課題があるので、一筋縄ではいきません。しかし、僕はこれまで一緒に取り組んできた彼の姿を見て、このまま続けられることができれば必ず改善すると確信しています。この先、僕がいなくても進んでいけるように、短期間ですが全力を尽くしていこうと思い日々接していました。

　こうして僕はコーチングの難しさと、それ以上の嬉しさも感じながら、コーチとして、選手と一緒に歩んでいく日々を過ごしたのでした。

僕が学んだこと

- ☑ メジャーリーグでも日本の秋キャンプに当たる練習期間がある
- ☑ 課題を明確にした上での実践と課題に対する具体的なアプローチが成長への近道
- ☑ 新しいアイデアとチャレンジが変化を生む
- ☑ コーチングには、選手の心を開き、一緒に歩んでいく覚悟が不可欠
- ☑ チームの「コーチを育てる」という意識と、コーチ自身の「成長していく」という意識が重要

コーチングとは伝える力

インストラクショナルリーグでは、改めて「コーチング」について考えさせられました。コーチングにはいろいろな要素がありますが、僕が考える最も大事なことは何かと言うと、「伝える力」だと思います。

コーチがどれだけすごい理論を持っていたとしても、伝える力がなかったら選手が得るものはゼロです。もしくは選手が耳をふさいでいるような状況だったら、何を言ってもスルーです。まずその耳を開かせなければいけません。

教えるときに、「言うこと」が目的になっているコーチもいます。絶対に言ってはいけないフレーズは、「あいつ、俺が何か言っても全然聞かない。だからあいつは成長しないんだよ」。僕もよく耳にしてきた言葉ですが、もし自分がそれを言ったら、もうコーチを辞めようと思っています。

もちろん、ちらっと「なんで言うことを聞いてくれないんだ」「なんで響かないんだ」と思うことはありません。でも、その原因は自分の中に探さなければいけません。「どうしたらもっと聞いてくれるようになるんだろう」「どうしたら相手の心に響かせることができるんだろう」と考えてみるのです。目的は「聞かせること」です。だから、伝える力を磨かなければいけない。これがコーチとして僕の一番言いたいことです。

人を動かすのは、それくらいに難しい。コーチになった人はみんな「選手だったときのほうが何倍も楽」と言うのです。

いままでのやり方や持論があって、それに合わせるために「こうだから」と言ってしまう。それは違うと思います。持論はあくまでも自分の持論であって、他人にとっての正解ではありません。その理論が相手に合うかどうかがすごく大事なのです。相手が求めていないものを与えたところで、パフォーマンスが落ちるだけです。

では相手が何を求めているのか。それを知るためには、日々のコミュニケーションが大切になってきます。相手の性格やタイプを知った上で伝え方を考えなければいけません。

同じことを言うにしても、相手によって言葉遣いも変える必要があります。硬い言い方をしたほうがいい選手もいれば、柔らかくフレンドリーに言ったほうがいい人もいる。論理的に説明してほしい人もいれば、「バーンと」「ギュッと」と言われたほうがスッと耳に入る人もいます。もちろん声のトーンを変えることもあります。

ただし、相手がどういう性格でどんな伝え方が合っているかなんて、完全にわかるわけがありません。なるべく相手に合わせるための方法の1つとして、日本ではキャンプ初日に紙を1枚渡してレポートを書かせていました。

今年の目標や去年の良かったところ、悪かったところ、これからどうしていきたいのかといったことを、一通り書いてもらいます。メールではなく手書きで書かせることで、性格が出ます。ちゃんとすごく詳しく書いてくる選手もいれば、一言で終わる選手もいる。そこでわかったことをもとに、1対1で話します。

普段のコミュニケーションでは、相手が何を求めているかを知るために、先に「相手がどう思っているか」を聞くことにしています。もちろん怠慢プレーをしたり練習に寝坊したりというのは問答無用で叱りますが、指導という面においては、悪い結果が出たときにでも、自分からは話しません。「僕はこう思うよ」と言う前に「どんな感じだったの？」と聞くようにしています。

そうする理由の1つは、先にコーチに言われることで、選手自身は考えていなかったことでも、気づいているように言ってしまうときがあるからです。「これが悪かったんじゃないか」と言われれば、実際には考えていなくても「自分もそう思います」と言ってしまうことがありますよね。

それに、コーチ側も先に話してしまえば、選手が何を聞きたいのか、何を知りたいのかがわかっていないうちに、自分の意見を押しつけてしまうことになりかねません。

だからといって、選手にとって厳しいことを言わないということではありません。選手にとって「良い環境」を与えるとはどういうことか。気持ちよく練習できる、楽しい、コーチが寄り添ってくれる、などいろいろな要素がありますが、僕はそれも含めて「選手が良くなる環境が良い環境」だと考えています。

そこから逆算したときに、褒めるべきときもあれば、叱るべきときもある。選手が良くなるためには、「これを言ったら嫌われるかも」というようなことでも言わなければいけません。

実は僕がコーチになったときに、自分の中で決めた目標があります。

それは「嫌われること」です。

僕はホークスで11年間現役を続け、1年間フロントに入った後にコーチになりました。2シーズン前までチームメイトだった相手との関係が、突然コーチと選手の立場に変わります。

そのときに、選手との間に線を引かなければいけないと思いました。

「コーチとして選手に、駄目なことは駄目とはっきりわからせないといけないよな……。でも、いままで仲が良かった相手にいきなりこんなことを言ったら、嫌な気持ちになるかもな……」

また僕は情に脆いところがあって、実はそれが理由で判断が鈍ることもあります。同時に物事を極端に考える癖もあったので、まずは好かれることを頭の中から消そうと決めました。

僕の現役時代にピッチングコーチだった尾花高夫《おばなたかお》さん※97に、コーチになることを報告すると、手紙をいただきました。そこには一言こう書いてありました。

「好かれようと思うんだったら、やめとけよ」

嫌われてもいいから、選手を良くしたいという愛情だけは常に持っています。選手が良くなるため、駄目なことと気づかせるために言わなくてはいけないことを、嫌われたくないという気持ちで言わずにいたら、それは選手の成長を妨げることになる。

そう考えた僕は、極端な話、選手に「倉野コーチってムカつくし嫌いだけど、あの人の言うことを聞いてたら、間違いないよね」と言わせる存在になることを心に決めたのです。

そのためにも次に考えたのは「信頼関係を作る」ということです。これは、好かれることとは違います。

まず実践したのは、僕のアドバイスによって結果を出させることです。コーチの目から見れば、「この選手だったら、これはすぐにできるようになるだろう」とわかる技術的なポイントがあります。そんなに難しいことではない、ちょっとしたアドバイ

※97 投手としてヤクルトで活躍。引退後は複数の球団でコーチや監督を務める

スをする。

　そうしていくと「ボールの感覚が良くなりました」などという結果が出始めます。もちろん百発百中ではないけれど、何回か繰り返すとだいたい当たります。

　いったん自分のアドバイスによって結果を出させることができると、相手は信頼してくれるようになり、その後は細かく説明しなかったとしても無条件に言うことを聞いてくれ、スムーズに進んでいきます。こうした信頼関係を最初に作らないと、コーチという立場でアドバイスしていくことは難しくなります。

「信頼」とは何かを考えたときに、愛情がある、寄り添ってくれるという要素もある

福岡ソフトバンク
ホークス・コーチ時代

と思います。もちろん愛情は絶対に必要ですが、どれだけ性格が良くて、好きな人間だったとしても、そのアドバイスで選手がいつまで経っても良くならなかったら、コーチと選手としての信頼関係は生まれません。

逆に、どれだけ嫌いでも、コーチのアドバイスを聞いたら球が速くなった、コントロールが良くなったという成功体験を作れば、信頼してくれます。

これが本当に「信頼関係を作る」ということではないかと思います。

もっとテクニカルな点で、「話し方」も大事です。僕はもともと滑舌が悪く、伝えようとしていることも支離滅裂になってしまうことがあります。練習が終わった後に、全然うまく話せなかったなと反省することもたくさんありました。

「これでは駄目だ！」ということで、オフの間に少しでも改善するためにできることはないかと考え、僕はボイストレーニングに通うことにしました。

それと、15年前くらいからは講演もするようにしています。プロ野球選手としてある程度活躍すれば、母校などから講演の依頼が来たりします。僕は正直、人前に出るのも嫌いだったし人前で話すのは大嫌い。だからずっと断っていましたが、僕のメンタルトレーナーでもある恩師から「絶対やったほうがいい」と言われて、依頼を受けるようになりました。

どうせやるなら紙を見ながら話すのは絶対に嫌だったので、最初は話したいこと全部を事前に書いて丸暗記していました。初めての講演のときには、近くに住む妻のお母さんに聞いてもらって予行練習。それくらい苦手だったけれど、ここから逃げていたら自分のコーチング技術は上がらないと思い、積極的に講演をするようにしました。すると回数を重ねることで、どんどんスムーズに話せるようになりました。

「もっとうまく話せるようになりたい！」と書籍を読んだり、YouTubeなどを見たり、いろいろと勉強していると、話のうまい人は、何より話がわかりやすいということに気づきました。ではなぜわかりやすいのかと考えると、話がシンプルなのです。長々と同じ話をしないのですね。

自分が選手だったときを思い返すと、コーチがどれだけ良いことを言っていても、同じ話を何回も聞かされると嫌になっていました。話の最初のほうに言われたことは、後になってみればもう頭に残っていません。そういう経験もしたから、「よっぽどのことじゃない限り、話を繰り返すのは絶対にやめよう。できる限りシンプルに伝えよう」と訓練していきました。

このように、話し方についてはかなり意識しています。いまでも、誰かに話し終わった後、「こういう風に話せばよかったかな」と反省することが多々あります。もちろん反省で終わらず、次に生かすようにしています。

僕が学んだこと

- ☑ コーチングとは「伝える力」。相手に合わせた伝え方を知るためにはコミュニケーションが欠かせない
- ☑ 良い環境とは、選手が成長する環境
- ☑ 自分のアドバイスで結果を出させることで信頼が生まれる
- ☑ コーチは嫌われることを恐れてはいけない
- ☑ アドバイスはできる限りシンプルに

コーチが選手を伸ばすために必要なことは

ここでは、僕が日本で学んだこと、それにアメリカで学んだことも含め、コーチが選手を伸ばすために必要なことをお話します。

①自分のタイプや長所を知ってもらう

アメリカでは、スピードボールを投げるけれどコントロールが悪い、というピッチャーが多い印象です。ただ、スピードはそれほど速くないけれどすごい変化球を投げる、あるいはすごくコントロールが良いというタイプも、もちろんいます。これは日本でも同様ですね。

どんな選手でも、長所短所がある。僕は選手に、「自分のタイプを知りなさい」と伝えています。例えば、速いストレートで勝負するピッチャーなのか、多彩な変化球で相手を惑わすピッチャーなのか。投球フォームは上から投げ下ろすピッチャーなのか、体全体の捻りをうまく使って投げるピッチャーなのかなど。それを本人に理解させた上で、「長所を磨く」ことを最優先します。

まずはどういうパフォーマンスを出すピッチャーなのかを見ます。この選手の長所は何なのか、短所は何なのか。ある程度見えるまで、基本的に具体的なアドバイスはしません。「この練習をやってみよう」と言うことはありますが、「これを直しましょう」という「改善」はまずしません。

そうして長所を見つけたときに、初めて本人に評価を伝えます。自分自身の評価と他人の評価は違います。長所で勝負できるのに、それが見えていない選手も結構います。本人とちゃんと話をして、認識させてあげることが大事です。

みんなどうしても、「自分の理想」を追い求めてしまいます。それは大事なことですが、実はその追い求めているもの以外にもっと良いところがある場合も多いのです。

僕が現役のときもそうでしたが、安定したピッチングができず全然成績が出なくて悩んでいたときには、本人としては「長所なんてない!」といった感覚になってしまいます。何も自信を持てなかったそんなとき、ある投手コーチに「おまえの長所はほかのピッチャーよりも力強いストレートだよ」と言われたときにすごく嬉しかったのです。「だったら、この長所をもっと目立つようにすればいいんじゃないか」と思えました。

自分の強みがどこにあるのかを、まず理解することが大事です。こうしたアドバイスは具体的でも、少し抽象的でもいいと思います。

「ほかの投手が投げられないほどの速いストレートを持っている」
「特別すごい球はないかもしれないけどコントロールの良さがある」
「この変化球は、ほかの誰にも投げられない」
「どんなに調子が悪くても粘り強いピッチングができる」
「あなたは、体力があるのが長所なんだ」

指導者は、やはり短所に目が行きがちです。そして短所を指摘して、改善しようとする。すると、短所を改善していくときに、長所が消えてしまうことがあるのです。

例えば、球がすごく速いけれどコントロールが悪いピッチャーがいたとします。すると「じゃあコントロールを改善しましょう」と、コントロールだけを重視した練習ばかりしてしまうことがあります。結果的に、コントロールはある程度良くなることがありますが、コントロールへの意識が過剰になり、今度は長所であったスピードボールの勢いがなくなってしまうことが多々あります。

そんな状態で、何を武器に戦うのか。目立つものがなくなり平凡な選手となって、結局試合では通用しなくなる。日本にもアメリカにも、そんな選手はいっぱいいます。

②長所を磨く

長所がわかったら、それをとにかく磨いていきます。スピードボールが得意でコントロールが悪いピッチャーであれば、僕の場合は「ストライクゾーンに投げようとしなくていい。ボール球でいい、フォアボールになってもいいから、ストライク付近に思いっきり投げなさい」と伝えます。

それでスピードボールを思い切って投げられるようになれば、打者がボール球でも振ってくれることが増える。それでもストライクです。「それくらい速い球にしようよ」というだけで本人には安心材料になって、メンタル的にも良い影響があるのです。

あるいは球が遅いけれどコントロールが良いピッチャーもよくいます。そういう選手には「スピードは意識しなくていいから、バッターのインコース、厳しいところに投げられるようにしなさい」と指導します。

ピッチャーにとって、インコースに投げるのは勇気が必要です。バッターに当てたら怪我をさせてしまうかもしれないし、デッドボールで出塁させれば自分としても痛い。インコースにしっかりコントロールできるというのが、良いピッチャーの１つの条件です。

まずは長所を徹底的に伸ばす

球の遅いピッチャーでもインコースに投げ続けると、バッターの意識がインコースに向いて外の球が効果的になります。そこから、今度は違う球種を覚えさせます。「球が速くなくてもいいから、いろいろな球種やコースでバッターの目をごまかせるようにしよう」というやり方もある。それが長所に繋がっていきます。

このように、長所となり得るポイントを見つけて、磨いて磨いて、ベースを作ってしまいます。そうしてある程度長所が伸びきったところから、そこで初めて短所の修正をします。でも、その結果「ん？　長所がちょっと消えてきたな」と思ったら、その短所は完全に目をつぶります。もう、直そうとしません。

③限界を突破させる

僕のやり方が正しいかどうかは別として、コーチはさまざまな方法で選手にアドバイスします。しかし、練習をするのは選手自身です。最後の最後での頑張りが足りない、「あともうちょっと頑張れば伸びるはずなのに！」ということもたくさんあります。

そのときもう一段ステップを上らせるために、コーチはいろいろ考えます。中には、コーチが尻を叩かなくても自分で限界まで行ける選手もいますが、そんな人ばかりではありません。

今日は限界まで頑張らなければいけないというときに、「もう限界です」と自分からストップする選手がいます。コーチとしては「それは本当に限界なのか？」を考えなければいけません。体が限界なのではなく、気持ちだけで言っている可能性もあります。

例えば、「限界までランニングしよう！」という練習メニューを設定したとき、本当に身体的に限界まで走った選手は立っていられず、バタン！　と大の字に倒れます。一方で、ハアハアとしんどそうにはしているけれど、膝に手をついて「もう限界です」と言っている人もいます。体ではなく、気持ちだけが限界なのは明らかです。

そうしたときは、「あと1本だけやろう！」と尻を叩いて、その限界を引き出していきます。そうすると、意外と走れるものだし、自分の限界値が大きくなり、潜在能力の開花に繋がっていくのです。

④モチベーションを上げる方法

どんな指導をしても、結局は本人のモチベーション次第です。プロの選手は誰でもみんなどうにか成功しようと思っています。しかし、ずっと変わらずにモチベーションを保つことが難しいのも事実。コーチとして、選手のモチベーションを上げる方法には、2つあります。

1つは成功体験です。

例えば子どもの少年野球です。練習でまったくヒットを打てなかった。あるいは、まったくストライクが入らなかった。それが続くと、いずれはやる気をなくしてしまいます。うまくいかず全然面白くないから、モチベーションは上がりません。

もちろんこれは子どもの話で、高校生くらいになって自分の目標を明確にできれば、多少うまくいかなくても、「次はこうやって克服してやる」と思えます。

でも、うまくなりたい、甲子園に出たい、プロ野球選手になりたいというような明確な目標や夢は、野球を始めてからだんだんと出てくるものです。その最初の段階に成功体験がなければ、モチベーションは上がりません。

少年野球の指導者の方には、「子どもたちには1本でもヒットを打たせて家に帰しましょう。1つでもストライクを多く取らせてあげましょう」と言っています。小さな成功体験が積み重なると、「もっとうまくなりたい」といった気持ちに変わります。そしてもっとうまくなりたいと思った人は、自分で努力し始めるのです。

プロ野球選手になればそうした経験をしてきていますが、根本は同じだと思います。例えば、1つアドバイスしたことで結果が良くなった。成果が出た。スピードが上がった。空振りを多く取れるようになった。フォアボールが減った。いままでとは違う感覚で、打者を抑えられるようになった。これらで十分な成功体験です。先ほど選手との信頼を築くための方法としてもお話ししましたが、コーチとして選手にこうした小さな成功体験をさせることで、選手のモチベーションを引き出していきます。

モチベーションを上げるもう1つの方法が、「いまの目標」を設定することです。例えばプロに入ったばかりの選手が5年後に1軍で主力になって大活躍したいと目標を持つ。もちろん、そうした長期的な目標も必要ですが、それは先の話です。いまと未来を繋げるための近い将来、「これをやったらこうなれるんだ」とイメージできる目標設定が必要です。

ホークスのときによくやったのは、1カ月先の目標を決めて、それを元に1週間のテーマを設定する。そしてさらに分解して、その日やることを決める方法です。

ある選手の1カ月の成績を見て、ストライクの割合が全体の投球数のわずか50パーセントだったとします。「だからもっとストライクが入るようにしなければいけない」。これは誰にでもわかることです。

そこを、より細かく分析します。なぜ50パーセントだったのか。ストライク率は50パーセントだったとして、ストレートだけを見るとどうだったのか、カーブはどうだったのか、スライダーはどうだったのか。

ストレートのストライク率が70パーセントと高くても、ほかに投げたスライダーとカーブでのストライク率が30パーセントだったら、全体のストライク率は50パーセントとなります。であれば、ストライク率の低い球種をどう改善すべきかというように逆算していきます。

そうして「カーブのストライク率を上げる」という目標を決めます。ただ、これでもまだイメージがしづらい。そこで「この1週間は、ホームベースの幅に入っていれば、高さはワンバンでも高めに外れてもいい」という目標を立てる。それをクリアしたら、次の1週間は高さをストライクゾーンに合わせていく。というように具体的に1つひとつ階段を上っていけるような目標設定をするのです。

成績が出ない理由が筋力不足ならば、何の筋力が足りないのかを測定してもらいます。「ここの筋力が弱いから、ピッチングにこういう影響がある」ということを、トレーナーやコーチを踏まえて考える。そうして「この1週間は、この筋肉を徹底して鍛える期間にしよう」「次の1週間は、体を回復する時間に充てよう」というように目標設定をします。

あるいは、1週間後の先発が決まったとします。「当日にピークを持っていくために、今日は体に刺激を入れて追い込もう。明日からだんだんと落としていこう。そうなると1週間後の当日には、こういうパフォーマンスができるようになる」と、逆算して取り組んでいきます。

これを単に「今週は集中して練習しましょう」と言っても、漠然とし過ぎていて、何をやればいいかわかりません。具体的で身近な目標を細かく設定していくことで、

「今日何をやればいいか」がわかるのです。

このように「いまの目標」が明確になっていれば自然とモチベーションは上がるはずです。

僕が学んだこと

- ☑ 自分のタイプを本人に理解させることが大事
- ☑ 自分の長所を知り、それを徹底して磨くことが成功への近道
- ☑ 短所を改善しようとすると長所が消えてしまうこともある
- ☑ 限界突破することが、自分の潜在能力を開花させることに繋がる
- ☑ 成功体験といまの目標がモチベーションを上げる

激動のシーズンの終了

話はインストラクショナルリーグに戻り、リーグの「シメ（?・）」ということで、"TEXAS TRIP" というものがあります。アリゾナからテキサス方面（テキサスやオクラホマなど）に移動しての、大学生との交流試合。アメリカの大学に行くことは初めての経験だったので、これもまた楽しみの1つでした。

初戦の相手は、全米7位の超強豪オクラホマ州立大学です。ここでは試合前から球場施設のすごさに圧倒されました。日本人の感覚からすると大学野球とは思えないほどの立派なグランドとスタンドです。「これが大学チームなのか!?」と驚くほどの施設で、試合には多くの観客も入ります。アメフトを筆頭にアメリカの大学スポーツは地元に根付いていて、母校愛も強く、一種のビジネスとして成り立っています。熱狂的なファンがいて、みんながその大学のTシャツを着て応援に来るのです。

全米トップクラスの大学ともなると、レギュラーのほとんどが、この後メジャーリ

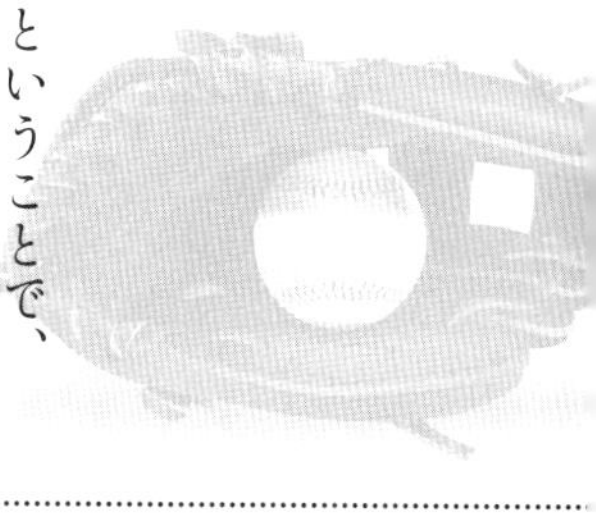

ーグのドラフトに指名される選手。レンジャーズのインストラクショナルリーグのメンバーとは、正直ちょっと実力の差があります。年齢もレンジャーズの選手のほうが若く、相手は木製バットよりも打球が飛ぶとされる金属バットを使用しています。

それでもその中で相手を抑えたり打ったりする選手は、やっぱりマイナーの中でもルーキーリーグではなく、シングルA以上に所属する選手がほとんどだという印象でした。現状ではレベルの差があったとしても、素材としては一級品の選手ばかりなので、今後の成長に期待するということですね。


この遠征の初めは、オクラホマ州立大学、オクラホマ大学、アーカンソー大学（連戦）と試合をして、4連敗でした……。アーカンソー大学も超強豪で、毎年5～10数人がドラフトに指名されるプロ予備軍でもあります。施設も本当にすごくて、日本のプロ球団はもちろん、メジャーリーグ球団でもここまでの施設を整えているところは少ないでしょう。ちなみにヘッドコーチ（日本で言う監督）の報酬は、大学と言えども軽く1億円を超えるそうです。

スタンドには練習試合でも5000～1万人くらいのファンが駆けつけ、試合中の歓声やヤジ（?）もすごい。ドミニカアカデミーから来た選手たちにはこれだけたくさんの観客を前に試合をすることはこれまでほとんどなかったでしょうから、これも良い経験になったと思います。

遠征の最終日となる5連戦目は、アーリントンにあるレンジャーズのメジャーチームの本拠地球場での試合でした。夢の舞台でもある球場で試合ができて選手も僕も、テンションが上がりっぱなしでした。「今日1日俺はメジャーリーガーだぜ!」と、選手が嬉しそうに話しかけてきたときは、僕もすごく嬉しい気持ちになりましたね。

こういう機会は本当に選手の励みになり、改めて素晴らしい試みだと思いました。「い

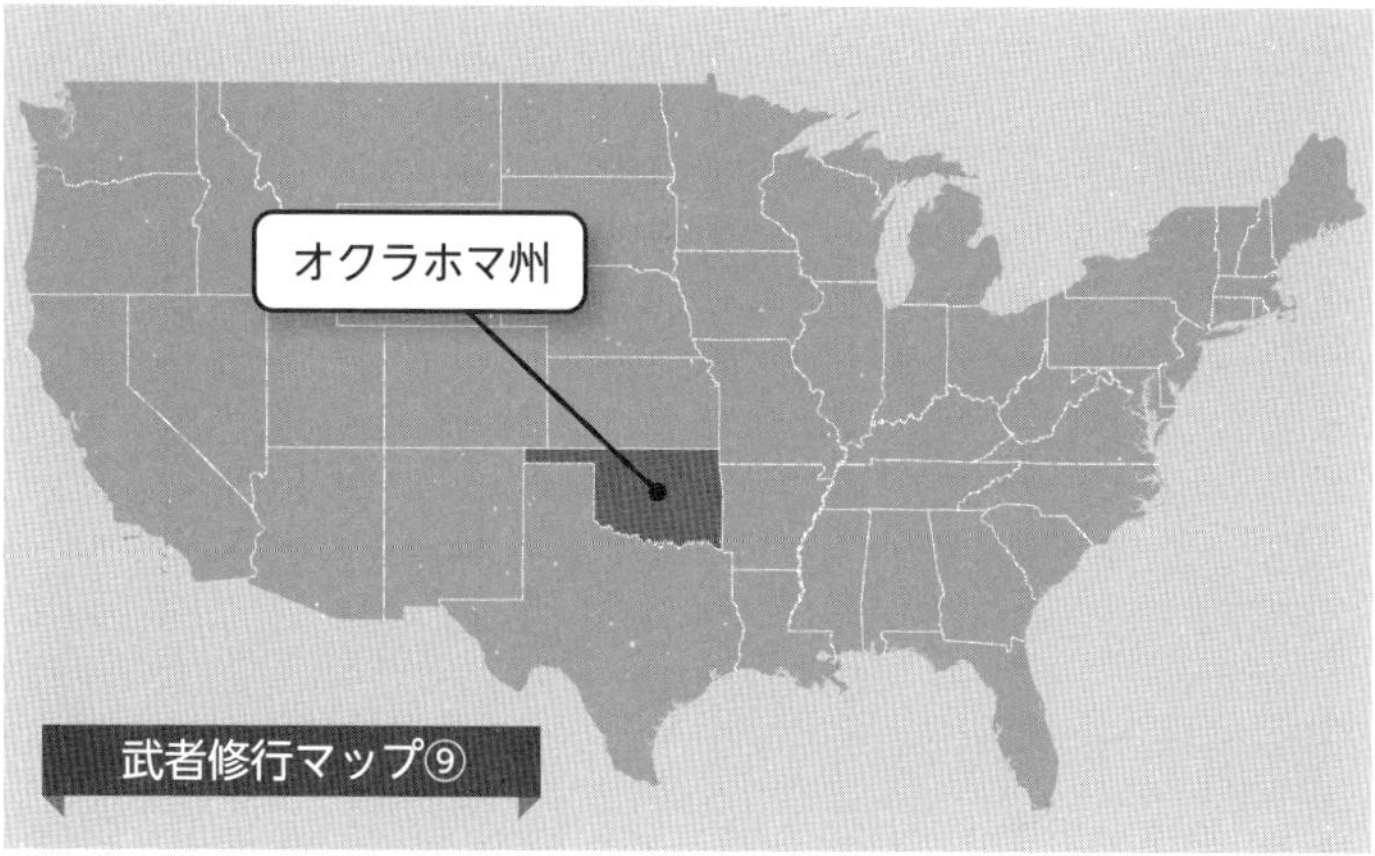

つか俺はここでプレーするんだ！」という気持ちがさらに大きくなり、その後の取り組みの変化にも繋がるからです。

そんな夢の舞台のメジャーの球場で試合ができたこと、そして最終日にしてやっと念願の初勝利を挙げたことで、気分良くこの遠征を終わることができました。

この最終戦で、インストラクショナルリーグを終えるとともに、僕の今シーズンも終わりを迎えたのでした。試合後には、選手やコーチ陣と熱いハグや固い握手。

「また会える日を楽しみにしてるよ！」

無事にシーズンを終えた安堵感と、少しの

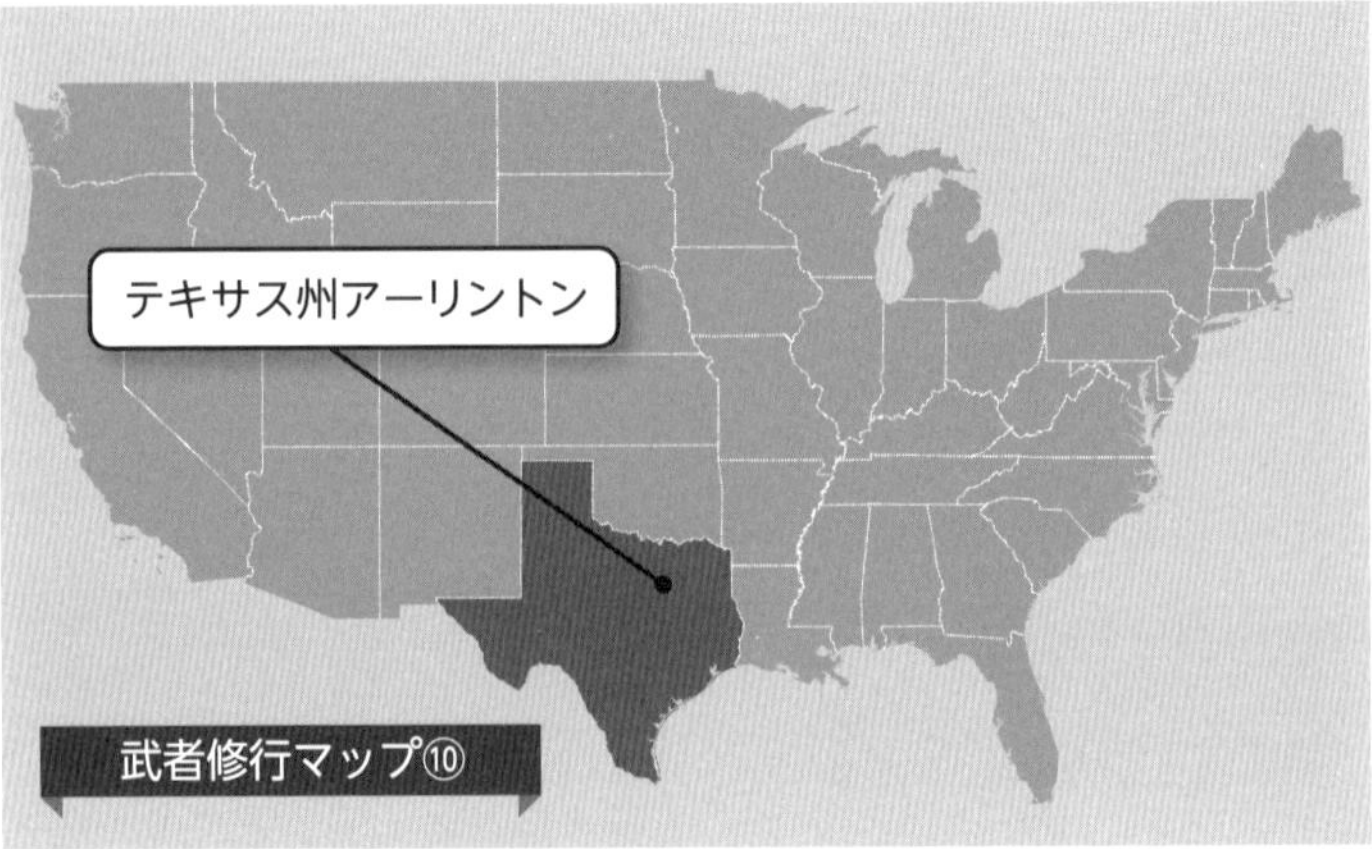

間離れてしまう淋しさとが入り混じった複雑な感情で、お別れをしたのでした。

レギュラーシーズンを終えて駆けつけたこのインストラクショナルリーグでの毎日は、最高に充実した経験になりました。このリーグを通じて、また僕の中の考えや理論が整理されていき、僕の中での情熱は最高潮になったのです。

「やっぱり教えたい！　コーチをしたい！」

終わってみれば長いようで短かった僕のアメリカ武者修行。感動、挫折、後悔、感激などさまざまな感情を味わった激動のシーズンは、こうして幕を閉じたのでした。

僕が学んだこと

- ☑ アメリカの強豪大学の施設やレベルはプロ並み
- ☑ 夢の舞台を経験することでモチベーションに火がつく
- ☑ 僕はやっぱり教えたい、コーチをしたい

日本とアメリカの野球の違い

インストラクショナルリーグ中には、今シーズンの集大成と勝手に位置づけていた、フロント、コーチ陣へのプレゼンの機会をいただけることになりました。日本のプロ野球でのキャリアも長かった僕が、「僕なりの理論」を整理して話すことで、日本球界にとっても、さらにアメリカ球界にとってもより良くなる！　というイメージと志を持って、みなさんの前で話しました。

今回は、レンジャーズのフロントスタッフであるレナード君が、僕のためだけに職場のテキサスからアリゾナまで助っ人に来てくれました。彼を通訳役に派遣してくれた球団には感謝しかありません。また、僕への期待も感じられて嬉しかったです。

レナード君は英語はもちろんネイティブ。日本語も少しわからない言葉がある程度で、完全に日本人の感覚で話せます。しかもレンジャーズのアナリストでもあるので、野球のことでも僕よりも詳しい部分があります。さらに彼のパソコン作業は僕からし

たら神業レベルです。

僕はプレゼンで伝えたいことを、何日間もかけて彼に話しました。少し難しい理論でも見事に彼は理解し、すぐに資料を作ってくれて、本当に「天才助っ人」になってくれたのでした。


その内容は、「日本の野球とアメリカの野球の違い」と題して、誰もがある程度知っているものではなく、またスプリングキャンプで話したプレゼンよりも遥かに濃い内容で、アメリカのフロント陣やコーチ陣が持っていないと思われる視点を中心にまとめました。

日本の野球とアメリカの野球は、技術はもちろんそうですが、考え方も大きく違うと思うことが多々あります。またメジャーでの実績があっても、日本のプロ野球では結果を残せない、反対に日本での実績があってもメジャーで結果を残せないことがあります。

これはなぜなのか？　もちろんメジャーリーグは世界一の選手の集まりなので、単純に選手の力量というのは相当なものです。でも、それが必ずしもレベルの差となって結果に表れるかというと、そうでもないと僕は思います。

面白い考え方の1つとして、日本のプロ野球でそれほどすごい実績がなくても、ある条件のようなものを持ち合わせていればメジャーリーグで活躍できる可能性があると僕は思っています。ただ、これはピッチャーに限ってのことで、バッターには当てはまらないような気がします。

このようにして僕は、いろいろな角度から日本とアメリカの野球を見て、考え、肌で感じてきて、1つの「僕の理論」をまとめることができたので、みんなの前でのプレゼンで話したいと思ったのです。その理論をここですべて書こうとすると、本1冊くらい書けてしまう量になりますし、専門的な話になり過ぎます。ここまでに書いてきた話もありますが、かいつまんでまとめてみます。

①プレイスタイルについて

「投げる、打つ、走る、守る」。この価値観が、日本とアメリカでは少し違うようにも感じます。「野球が違う」と表現する人もいますが、僕も時々そのように思います。

簡単に言うと、「日本は1点ずつ積み重ねて、その点を守る！」といった守りのイメージ。「アメリカはとにかく大量点を狙って1点でも多く取ろう！」とする攻めのイメージの野球です。

例えば、送りバントについて。日本は早い回でも1点を取りにいくために送りバントをしますが、アメリカでは7回くらいまでほとんどバントをしません。1試合の勝ち負けの比重が大きくなる大事なプレーオフの試合でも、試合の前半ではあまり見られません。観客も、10対9でホームランがバンバン出るような試合がすごく盛り上がりますが、1対0の投手戦はあまり盛り上がらないのです。

それに、日本は守備が堅実で、ミスをしないようにプレーします。対してアメリカでは、もちろんミスが良いわけではないけれど、一見軽く見えるようなプレーをよくします。しなくてもいいときにジャンピングスローをする、あるいは普通に待って捕ればアウトにできるような打球でも前に突っ込んで捕りにいったりして、エラーも目立ちます。確実性を重要視する日本人の感覚では、信じられないエラーも多いのです。

これには芝の違いもあります。アメリカは日本の人工芝とは違い、天然芝の球場がほとんどで、天然芝では打球のスピードが弱くなります。ちょっと弱い打球は前に突っ込んだり素手で取ってそのまま投げたりしないと間に合わないことがあるので、そのプレーが染みついているのかもしれません。

ただ、それを考慮しても、日本のほうが守備のエラーは確実に少ないでしょうね。

ピッチングに関しては、アメリカはとにかくストライクゾーンに投げる野球をします。日本ももちろんストライクを投げますが、ボール球を振らせようとします。バッターの意識としても、日本は初球からあまり振ってきませんが、アメリカは初球からガンガン振ってきます。だから当然、日本のほうが球数は多くなります。

投球フォームのリズムを見ると、アメリカは一連の動作が速いピッチャーが多い。日本の場合、昔からの教えもあり、体全体を使ってゆったりと大きく投げるピッチャーが多い傾向です。

この点についてはどっちが良いというわけではないですが、大きく違うところです。

日本のバッターがメジャーに行ったとき、球の速さや変化球のすごさなど、いろいろな違いもありますが、最初に苦労するのがピッチャーの投球フォームの違いです。

日本とはリズムが違うから、タイミングの取り方が変わるわけです。イチロー選手が振り子打法をやめたのも、大谷選手が右足を上げて打つのをやめたのも、これまでのやり方ではスイングが間に合わないからです。日米でそれくらい違うのですね。

②練習内容

マイナーキャンプでは、ピッチャーだけで80人ほどの人数が参加しています。全員同時に練習開始するわけにはいかないので、グループ分けをして練習開始時刻をずらして行なっています。

練習メニューはウォーミングアップ、ランニング、投球前の準備運動や投球フォームを良くするためのエクササイズ（チューブやプライオボール[※98]を使っての肩周り、メディシングボールスロー[※99]、下半身は特に軸足の形作り）などを行なってからキャッチボール。そしてピッチング、守備、ウエイトトレーニングでグランドメニューは終了。これが午前中までで、午後からはほとんど毎日のように30分〜40分のミーティングを行っています。

日本のキャンプと違うのは、練習量ということに尽きますね。ウエイトトレーニン

※98 硬式球と同程度のサイズで、それぞれ重量の違うトレーニング用のゴムボール
※99 バスケットボールほどの大きさで、それぞれ重量の違うトレーニング用のボール

グは週に2度ほど。各個人がどの日に行なうかのほとんどすべてをコーチやトレーナーが決めています。

日本の場合は、各個人が「投げたいだけ投げて」「打ちたいだけ打って」というように、決められた練習以外を自分の意志で行うことができます。中には練習のやり過ぎで止められる選手もいるほどです。

アメリカでは、各選手の練習量も決められているようです。ピッチングも週に2度ほど、球数の制限もあり、日本のように100球投げることは皆無です。よくそのことを聞かれ、事実を伝えると「信じられない!!」とみんな口を揃えて言います。

ランニング量は多い日、少ない日、一切しない日とメリハリをつけていて、ピッチャーの守備に対するノックの量も少ない。もちろんチームによって違うようですが、それほど大きな差はないと思います。

日本のキャンプに慣れてしまっている僕としては全体的にやはり練習量は少ないと感じてしまいます。日本は「鍛えて強くなる！　数多くこなしてうまくなる！」という意識があるので、当然練習量は多くなります。

ある程度でき上がった選手であれば、この時期は調整段階とも言えるのでアメリカでの練習量でいいのかなとも思います。けれど正直なところ、体力的にも技術的にも未熟な選手はもう少し練習量を増やしてもいい部分があるのではないかと感じました。

③投球レベル

アメリカはとにかくストレートも変化球も球が強い！ これが一番の印象です。

2Aでもストレートはほとんどのピッチャーが94マイル（時速約150キロ）前後は投げます。（左投げやサイドスロー[※100]のピッチャーでも珍しくない）。時々選手のキャッチボールの相手もしましたが、とにかく手元でのスピード感があり、球も重たく感じました。

また変化球も曲がりが鋭く、ストレートと同じように強く投げている印象で、たまに手元での曲がりが鋭過ぎて、球種がわかっているのに僕が完全に取り損ない後ろに逸らしてしまうということもあったほどです。

ただコントロールに関しては、少しアバウトに感じました。日本のように細かいコースや高さにきっちりと狙って投げるということにあまり強い意識はないようです。

特に変化球はストライクゾーンに投げ込むだけという感じです。もちろんコントロー

※100 ボールを投げる際に、ボールを持つ腕がグラウンドの水平面と平行になる投法

ルのレベルが日本の選手以上にすごく高い選手はメジャーリーガーにはたくさんいますが。ここに日本人ピッチャーの成功するヒントがあるのではないでしょうか。

④ピッチングにおけるデータ分析を生かしたコーチング

ブルペンでの投球は、すべてトラックマンでの計測や、ハイスピードカメラと通常のカメラでのビデオ撮影をして、投球後に分析します。スピード、回転数、回転軸、変化量、角度、コントロール。これらを全球分析した上で選手個々の球の質を把握し、課題を見つけ改善していきます。

コーチは前日に投げたピッチャーの分析結果を把握することが毎朝の日課で、練習前から忙しい時間を過ごします。また、昨年までの成績を振り返り選手個々の課題を明確にして改善に取り組む、モーションキャプチャーで投球の動作解析をしてより良いフォームへの修正習得に繋げるなど、あらゆる機器やデータを元にアプローチしていきます。

変化球に関しては特に感じましたが、数値を最大限に利用して細かいアプローチをしています。日本でも、いまは同じようにアプローチをしているチームや個人もありますが、より徹底していると感じました。

これまでのプロ野球のコーチは主観だけを頼りにしがちなこともあると思っています。この辺りは僕ももっと知識を増やし、いままでの「大事にしてきた主観の部分」と「新たな科学的アプローチ」をうまくミックスしていきたいと強く思いました。

これまでは主観に頼って判断していたものが、機器の進化により数値化されるようになりました。主観だけで判断したコーチングではなく、数値を元に根拠のある、説得力のあるコーチングを行う。もちろん数値にまだ表すことのできない技術の部分もあるので、この部分に関してはコーチの腕が試されるでしょう。

このように、キャンプでは非常に理にかなったコーチングをしているという印象でした。ただメンタル面もピッチャーにとって非常に大事なスキルで、この部分は主にシーズンに入って試合を行なっていく中でアプローチしていきます。

⑤投球メカニックや考え方の違い

もう1つ大きなテーマとして、「日本とアメリカのピッチャーのメカニックの違いや考え方の違い」です。

世界最高峰のリーグであるメジャーリーグのピッチャーの理論が、日本人選手に合うかどうかは別の問題があると思っています（必ず当てはまるわけではないということ）。もちろん明らかに日本より優れている部分もあるので、そこは取り入れる必要がありますが、正直日本のほうが優れていると感じることも多々ありました。

例えば、日本では昔から「下半身をしっかり粘って投げろ」といわれますが、アメリカでは「それだと、パワーがロスしちゃって球が遅くなるよ」といわれています。

根本的な体の使い方が少し違うところもありますが、僕は日本人のメカニックの考え方は、すごく良いものだと思っています。

日本人はアメリカ人と比べると体が小さい人が多く、全身の力を最大限に使えるようにするため、下半身から上半身に体を連動させて投げようとします。小さいエンジンでいかに大きな出力を生むかといったイメージです。だから綺麗なフォームに見えるのですね。綺麗に見えるぶん、バッターはタイミングが取りやすいというマイナスの面はありますが。

アメリカの多くのピッチャーは、日本人よりも体型体格に優れています。骨が太くて、肉が厚くて、背も高い。そうした大きなエンジンを持っているアメリカの選手は、力任せに上体の力に頼って出力を上げていることが多く見られます。

　そのアメリカ人が日本人のように効率良く体全体を使えるようになれば、もっとパフォーマンスがアップするのではないかと思いました。アメリカのピッチャーが日本のピッチャーのメカニックを学ぶという流れも、これから来るかもしれないとさえ思っています（実際にコーチや選手には相談されることがたびたびありました）。


　少し話は逸れますが、選手の中には「日本に行ってお金を稼ぎたい！」とたびたび話しかけてくる人がいました。確かにマイナーの選手の給料は、日本のファームの選手の給料より遥かに少ないので、そう考えるのかもしれません。しかし、「わかってないな」とも思うのが、「日本のプロ野球の1軍で活躍するのは、あなたたちが思っている以上に難しいことだよ！」ということです。

　まず、1軍での外国人選手の枠が4～5人しかなく、契約するためには相当なレベルが求められるし、また契約できて1軍の試合に出れたところで、選手が日本の野球に順応するのを長い期間待ち続けてまで起用することが難しいからです（メジャーの登録には外国人選手という設定がない)。

それに、アメリカでいままでやってきた野球とは違うことが多いのが大きな問題です。環境や価値観、考え方も違うし、ましてや日本の野球のレベルは海外の選手が想像しているより高い。そのさまざまなことに順応することがいかに難しいことか。まあ、これは日本人選手がアメリカに来たときも同じですけどね……。

⑥日本のプロ野球が見習うべき部分

メジャーリーグのマイナーは巨大な組織で、フロント、監督コーチを含めたスタッフ全員が選手の育成方針をしっかりと共有しています。選手への指導方針も、それぞれのポジションに「コーディネーター」がいて、各々のコーチによっての指導の方向性が違ってしまわないよう管理しています。選手起用やカテゴリーの昇降格の判断も主にフロントやコーディネーターが行い、全体の管理もきっちりと行っています。

こちらではフロント、監督、コーチ、アナリスト、トレーナー、それ以外の業務のスタッフ(全部は書ききれないほどいろいろな分野の方がいます)が、それぞれがしっかりと役割分担していて、「上も下もなく」それぞれがリスペクトし合ってコミュニケーションを取ります。その相互関係の上で、全員が責任を持って選手1人ひとりのアプローチを行っていく。もちろん意見が分かれれば、まとめ役のコーディネーターが最終判断をする。本当に1つの「チーム」となってアプローチしているなと思いました！

日本のプロ野球ではまだスタッフのことを「裏方さん」と呼ぶイメージがあります。僕はその呼び方があまり好きではありません。僕は仕事に表も裏もないと思っていて、1人のプロフェッショナルと考えています。もちろん人前に出るかそうでないかの違いはありますが。

また誤解しないでいただきたいのですが、日本では少しパワーバランスが現場の監督、コーチ、選手に偏り過ぎているのではないかと考えさせられました。

もちろん日本のプロ野球には日本人の気質に合った良い習慣や価値観もたくさんあるので、すべてアメリカを見習い取り入れるべきだ！　とは思いませんが、こういう組織の中のお互いの関係性においてもアメリカを参考にできる部分は多々あると思います。

このように、全体として、データを駆使したコーチングや役割分担が明確で、球団の「システム」がしっかりと構築されていることを目の当たりにして、これまで日本のプロ野球での経験しかない僕にはすごく刺激になりました。

また、アメリカのトライアル&エラーの姿勢は、日本もおおいに学ぶべきです。

1つの例で言うと、2022年にマイナーリーグで「ピッチクロック」が採用されました。アメリカでほかのメジャースポーツと比べて野球のメジャーリーグの人気が劣っている原因の1つとして、試合時間の長さがあります。3時間以上のプロスポーツは、あまりありません。そこで試合時間を短くしたいわけですが、イニングを少なくしたら野球そのものが変わってしまいます。すると短くできるのはプレーの合間しかありません。1球1球のプレーの間をいかに縮められるのかということで、ピッチクロックが始まりました。

これも「トライアル」で、当然「エラー」はいっぱい出ました。時間内にバッターが構えていなければストライク、ピッチャーが投げなければボール。それで最初は少し混乱が起きたわけです。

でもみんなだんだんと慣れてきて、ルール違反する人がほとんどいなくなりました。

結果、平均時間が約20分短縮されたそうです。2時間40分と3時間だと見ている側としては全然違う。そうした経緯があって、2023年にはメジャーで採用されています。

日本の場合、野球に限らず新しいことをやろうというと、「メリットは？　リスクは？　それがクリアになってからやりなさい」となりますよね。それでは新しいチャレンジはなかなかできないし、チャレンジする意欲も薄れてしまいます。

⑦日本のほうが優れているところ

最後に、日本のほうが明らかに優れている部分を紹介しましょう。

きめ細やかな野球をするのはやはり日本だと思います。2023年のWBCを見ても思いましたが、ミスの少ない野球をするので、短期決戦においてピッチャーが良ければ日本は強い。

先程メカニックの違いで日本のピッチャーの優れたところを話しましたが、ほかの部分の比較をして優れている部分は、こんな感じです。

・ピッチャーの守備力
・クイックモーションでの投球
・牽制球のレベル
・変化球の細かいコントロール
・スプリットが投げられるピッチャーが多い

もちろんすべてのピッチャーに当てはまるわけではないですが、この5つは日本のピッチャーが誇れる部分ではないでしょうか。

このように、日本の野球とアメリカの野球の違いを感じ、自分なりにまとめることで、僕の理論や考え方の整理ができました。これは僕にとって本当に大きな財産になったと言えます。

「アメリカ武者修行」と題してアメリカの野球を学びに来ましたが、いまとなっては、「日本の野球はもちろんのこと、アメリカの野球もより良いものになるように、少しでも力になりたい！」と、自分の新たな夢を思い描くことにもなったのでした。

僕が学んだこと

- ☑ 日本とアメリカでは「野球」そのものが違う
- ☑ 上も下もなく全員がリスペクトし合い、1つの「チーム」となって歩んでいく
- ☑ データを生かした指導法などアメリカを参考にすべきことは多い
- ☑ ただし、日本のほうが優れている点もたくさんある

人生の宝物

8カ月振りに帰る日本を楽しみにしながら、機内で最後の日記を書いています。長いようで、終わってみれば短く感じる日々でした。これまでのことを思い出しながらこの日記を書いていると、目頭が熱くなってきます。僕も年を取って涙もろくなったのかな……。

思い返すとさまざまな出来事が甦ってきます。
昨年、25年もお世話になったホークスの退団を決意したこと。
アメリカでの所属先がなかなか決まらず、不安な日々を過ごしたこと。
テキサスレンジャーズの受け入れが決まり、本当に感謝したこと。
初めてのメジャーリーグでのキャンプで、人の温もりに触れて助けられたこと。
英語の壁を感じ、心が折れそうになったこと。

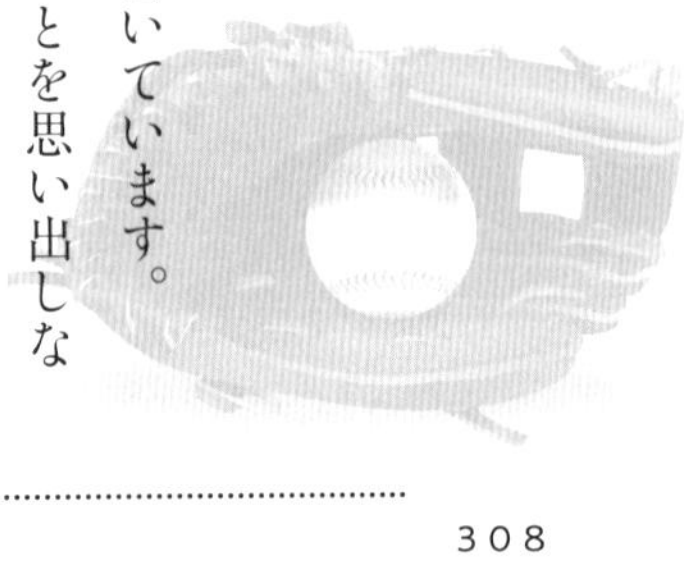

自分の甘さを思い知ったこと。
自分の情けなさを責めたこと。
挫折感や虚無感を感じたこと。
アメリカの野球を学び、新鮮さや感動を覚えたこと。
アメリカのシステムが本当に進んでいると知ったこと。
通訳してくれるありがたさに本当に感謝したこと。
人の優しさに感動し、自分自身も見つめ直したこと。
初めて選手から話しかけてくれたときに嬉しかったこと。
初めて選手やスタッフから名前つきの挨拶をされたときに、内心は嬉しかったこと。
初めてコーチとしての役割をもらったときに嬉しかったこと。
初めて英語で会話が続いたときに自分の成長を感じたこと。
初めてアメリカで散髪して、すごく後悔したのと、良い思い出になったこと。
アメリカの文化や習慣を知り、勉強になったり、見方が変わったりしたこと。
アメリカのドライなところを感じ、価値観の違いを知ったこと。
アメリカのスケールの大きさに驚き、感動したこと。

アメリカの物価の高さと円安の影響で、いろいろな料金に衝撃を受けたこと。
遊びに行った帰りにUberがなく、5倍もするリムジンに1人で乗ったこと。
選手からアドバイスを求められて、すごく嬉しかったこと。
選手にアドバイスをしたことで注意を受けたこと。
選手の力になることができて、感謝を伝えられたときに涙が出そうになったこと。
シーズン途中クビになった選手に何もしてあげられず、悔しい思いをしたこと。
ドミニカの若い選手の素材の良さを目の当たりにして驚いたこと。
ドミニカでの初日に、暴投がヒザに直撃して久々の硬式球の痛さに悶絶したこと。
ドミニカの氷で当たってしまい、経験したことのない強烈な下痢が続いたこと。
ファールボールを避け損なって手の小指に当たり、多分骨折をしていたこと。
僕が日本語で書いたロゴのTシャツが作られ、みんなが気に入ってくれたこと。
公式戦で投手コーチとして、ピンチの場面でマウンドに上がったこと。
選手やスタッフとの別れのときに、僕を大切に思ってくれていたとわかったこと。
サプライズでみんなの寄書きのユニホームをプレゼントしてもらったこと。
僕の誕生日をみんなが知っていて、祝ってくれたこと。

みんなの前でしっかりと最後の挨拶ができたこと。
日本とアメリカのコーチングの違いが自分なりに整理できたこと。
日本とアメリカの野球の違いに自分なりの答えが出たこと。
いままでのすべてが繋がったような気がして、最高に興奮したこと。
選手の力になるために、自分の足りないところを知ったこと。
コーチの意識がもっと変わらないといけないと、改めて感じたこと。
もっと選手の力になりたい！　その思いが強くなったこと。

そして、素晴らしい一生の出会いがたくさんあったこと。

このすべてが最高の思い出となり、僕の人生の宝物になりました。そこには常に僕を助けてくれて、心の支えになってくれた方々がいました。僕ひとりの力では、この充実した日々を成し遂げることはできませんでした。もちろん、一番身近な家族の理解や助けがあったからこそ、実現できたことです。

同じものを見たり聞いたりしても、人によっての受け取り方、感じ方はさまざまです。僕はこの1年、自費で挑戦したからこそ、1日たりとも絶対に無駄にできない！　という気持ちになりました。それが自分の「アンテナ」を張り巡らせることにもなったのだと思います。

いろいろなことに気がつき、経験値が増え、視野が広がり、成長できたと感じました。この1年は、いままでの僕の5年分ほどの価値があった！　と自分では思っています。

これまでのキャリアや報酬を捨ててまで、ここに来て良かった。

僕の挑戦は間違ってなかった。

武者修行は
まだまだ続く

いまでは、心からそう思えます。

僕を支えてくれた家族や友人、チームメイト、チーム関係者、出会えたすべての方々に感謝しています。本当に本当にありがとうございました。

これからは、この経験を生かして何ができるのか、もっと人の役に立てるよう、まだまだ学び続け、挑戦していきます！

僕の人生の武者修行はまだまだ続きます。

僕が学んだこと

- ☑ チャレンジすることでしか新しいものは得られない
- ☑ 人との出会いこそ人生で最高の宝物
- ☑ 人生は最後まで武者修行

あとがき

努力は形を変えて結果に表れる

アメリカ武者修行を終え、本書のためにブログを読み返すと、当初は考えてもいなかったようなことを、たくさん経験できたのだと感じます。

「努力すれば、いつか必ず報われる」

そう言うと「私は報われていない」と言う人もいます。それに、「結果を出すためには〝正しい〟努力が必要だ」と言う人もいます。事実なのかもしれませんが、僕はそれもすべてひっくるめて、報われると考えています。

ある人の努力は、直接的な結果を生まなかったかもしれない。もしくはマイナスだったかもしれない。でも、その経験があったからこそ、得たものがきっとあるはずです。

僕の経験で言えば、野球を頑張りながら受験して大学に行こうと思い、一生懸命勉強も頑張りました。その結果として、野球で進学できることになりましした。

た。一流の選手になりたくてめちゃくちゃ努力したつもりだけれど、結局なれなかった。でも、チームはその努力を見て、コーチとしての評価をしてくれました。

世の中では、ある部分で頑張ったことが、何年か経ってみたら無駄な努力とされることもあります。野球で言えば、近年、走り込みや1000本ノックは否定されています。でも、往年の名投手が走り込みをせずに成長できたのかと言うと、そうとは言いきれません。

「無駄な努力はしたくない」と計算する人は、計算外のことには対応できません。一方で、人生には自分の計算外のことばかり起きます。人間はどうしても、目の前にある端的なことでしか物事を判断できないときがあります。だけど、失敗も含めて努力してきたからこそ、成功するものなのだと思います。

だから、僕はこんな言葉を座右の銘としています。

「努力すればいつか必ず、どんな形であれ、報われる！」

その努力はそのとき報われなかったかもしれない。しかし、自分の思い描いたものでなくても、形を変えてでも、いつか報われる！

自身の体験から、僕はそう信じているのです。

ただ、努力し続けるのはすごく難しいことです。妥協したいときもあるし、実際してしまったときもあります。

そのとき、どちらに進むのかを決めるのは、思いの強さです。目標を達成するために、答えはわからないけれど、これだけ練習しなければいけない、これだけ勉強しなければいけないということは決まっています。休みたい、遊びたいといった欲望だけで進んでいたら、絶対良くなりません。目標へ向かう気持ちと欲望を天秤にかけたときに、人が進むのは「思いが強いほう」です。我慢することや欲望をコントロールすることができなければ、夢を叶えたり、目標を達成したりすることは難しいと思います。

もちろん、欲望に逃げてしまう時期もあります。成功した人がみんな完全に欲望に負けずに生きてきたかと言えば、そうではないと思います。

もう一歩頑張らなければいけないのに、頑張れないときがある。そうしたときに、「なんで自分はこれをやりたいんだっけ」と考え、初心に帰り、また前を向く。そして妥協してしまったときに、「ああ、駄目だな」と考えてしまうと、後悔や自己嫌悪が生まれます。だけど、そうした気持ちからは何も生まれません。

少しだけ自分を許してあげてもいい。もちろん許し続けていては何も進まないので、今日は許して、また明日から頑張る。いまはこんな自分だけど、もっと良くなるために頑張ろう。その繰り返しができるかどうかで、差が出るのだと僕は思います。

ときには誰かに弱音も吐けばいい。僕も自分の中に溜めるとしんどいので、弱音を吐く人を決めています。家族でもいいし、職場の人でもいい。何でも言い合える仲の人を見つけましょう。喧嘩しない仲ではなくて、本音で話ができる人です。もちろん、話したところでほとんど解決はしません。でも、そういう存在がいたからこそ、いまの自分がいる。その人には、これまでにも救われているはずです。

夢を追うモチベーション

この本に僕が書いたことは、すべて実体験を通して学んだことばかり。自分ですごいことをしているという実感はありませんが、その行動のモチベーションを聞かれることもあります。

答えの1つは、僕は「現状維持」「マンネリ」「退屈」がすごく嫌いだということ。まったく自分の知らない世界に挑戦することを、すごく楽しく感じます。もう1つが、自分の「欲」です。お金をもっと稼ぎたい、もっと良い家に住みたい、美味しいものを食べたい。そういう欲が僕を突き動かしています。例えば、いまの僕がもし宝クジで10億円当たったら、ここまでのモチベーションはないかもしれません。(笑)

そして僕にとっての一番大きな欲は、人に喜んでもらいたいということです。家族や選手、応援してくれる友人や知人を喜ばせたい。誰かが喜んでくれる姿を見ることが、間違いなく僕にとっての最大の幸せです。

誰かを喜ばすためには、まず僕が成長しなければいけません。結局、自分が幸せでなければ、他人を幸せにできないと思います。自分が成長して幸せになるためには挑戦していく必要がある。だから、僕は挑戦を続けています。

自分の成長と幸せが誰かを喜ばせることに繋がる。そのために、常に上昇志向でありたい、もっと良くなりたい、高く上りたい。アメリカは、言葉が通じない世界、自分が知らない世界でした。そして、メジャーリーグは、僕にとってちょっと見上げる位置にあります。そうした高みを望む。そんな思いからこの日記のタイトルには「武者修行」という言葉が入っています。

この原稿は、2年目のアメリカ武者修行の中で書いています。今シーズンは、レンジャーズ傘下のルーキーリーグのチームで、「投手育成コーチ」として頑張っています。去年とは違い、今年は正式なコーチとして堂々と選手を教えることができます。もちろん、給料ももらっていますよ。

僕は、上昇している。その実感を確かめながら、いまこの瞬間も努力を続けています。

2023年8月　アメリカアリゾナ州サプライズで

倉野信次

著者

倉野 信次（くらの・しんじ）

1974年生まれ、三重県伊勢市小俣町出身。

宇治山田高校では３年生の夏に母校38年振りとなる三重県大会決勝に進出するも、惜しくも準優勝。その後青山学院大学に進学し、大学４年間で４度のリーグ優勝と２度の日本一を経験。大学日本代表、アトランタオリンピック予選日本代表にも選ばれる。

96年、ドラフト４位で福岡ダイエーホークス（現・福岡ソフトバンクホークス）に入団し、先発、中継ぎとして活躍。現役通算11年で164試合に登板し、19勝９敗１セーブ。2004年にはキャリアハイとなる９勝１敗の成績を残し、ホークスのリーグ１位に大きく貢献。

07年現役引退。福岡ソフトバンクホークスフロント職を経て２軍投手コーチ補佐に就任。その後、３軍投手コーチ、２軍投手コーチ、１軍投手コーチ、投手統括コーチなどを歴任し、チームの４年連続日本一に貢献。育成出身の千賀滉大を球界屈指のエースに育てるなど、特に若手投手の指導、育成に定評がある。

21年シーズンをもって退団を発表。22年からはアメリカメジャーリーグのテキサス・レンジャーズでコーチ修行。23年は、テキサス・レンジャーズ投手育成コーチに就任。日本人として史上初めて、日本とアメリカ両方のプロ野球チームと契約した投手コーチとなる。

著書に『魔改造はなぜ成功するのか』（KADOKAWA）がある。

倉野信次公式Webサイト
https://www.shinji-kurano41.com

踏み出す一歩　そして僕は夢を追いかけた

2023年10月17日　第１刷発行

著　者	倉野信次
発行者	菊池大幹
発行所	株式会社ブックダム 〒171-0022　東京都豊島区南池袋1-16-15 ダイヤゲート池袋５階 https://bookdam.co.jp TEL：03-5657-6744（代表）
発売元	日販アイ・ピー・エス株式会社 〒113-0034　東京都文京区湯島1-3-4 TEL：03-5802-1859　FAX：03-5802-1891
ブックデザイン	斉藤よしのぶ
イラスト	フジワラヨシト
編集協力	桐戸高史
DTP	VPデザイン室
印刷・製本	ベクトル印刷株式会社

ISBN 978-4-911160-00-8